AF139552

Reglements

für die

Kurfürstlich Sächsische Artillerie

aus den Jahren 1767 und 1777

herausgegeben von Jörg Titze

Beiträge zur sächsischen Militärgeschichte
zwischen 1793 und 1813

Heft 38

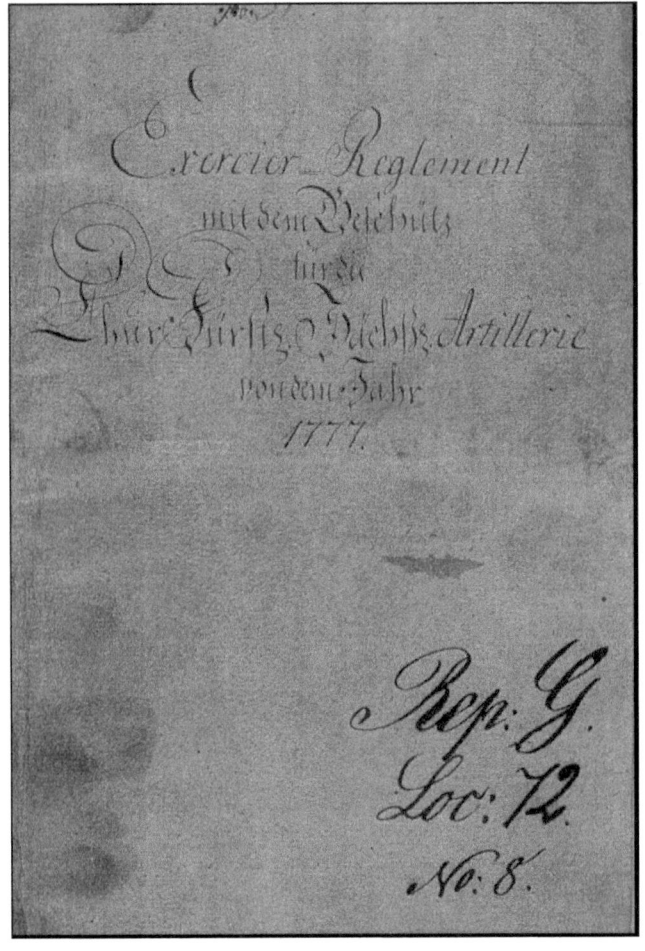

Deckblatt des Exerzier-Reglements von 1777

Reglements

für die

Kurfürstlich Sächsische Artillerie

aus den Jahren

1767 und 1777

Die Deutsche Bi verzeichnet diese Publikation in der hen Nationalbiblio-graphie; detaillierte phische Daten sind im Internet über http .de abrufbar.

Die Deutsche Bibliothek – CIP – Einheitsaufnahme

Jörg Titze (Hrsg.) – Reglements für die Kurfürstlich Sächsische Artillerie aus den Jahren 1767 und 1777

ISBN 978-3-7386-4655-9

© 2015 Jörg Titze

Herstellung und Verlag:

BoD - Books on Demand, Norderstedt

Einleitung

Dieses Heft beinhaltet zwei Vorschriften für die kursächsische Artillerie und zwar

a) das Reglement wonach die Kommandanten derer Artillerie-Compagnien sich zu achten, und was dieselben, in Unterweisung der ihnen untergebenen Mannschaft, um tüchtige und zum Herrn-Dienste brauchbare Artilleristen zu machen, zu beobachten haben vom 05.02.1767 (das so genannte Capitaines-Reglement) und

b) das Exerzier-Reglement mit dem Geschütz für die Chur-Fürstlich Sächsische Artillerie vom 22.10.1777

Da die Artillerie als Korps zu Fuß hinsichtlich der Ausbildung und des Dienstes den General-Inspekteurs der Infanterie unterstanden, sind beide Vorschriften in Zusammenhang mit dem Dienstreglement der Infanterie vom Jahre 1752 (und deren erfolgten Änderungen z.B. mit Einführung der neuen Exerzier-Reglements von 1777 und 1804) zu sehen.

Beide Reglements sind – wohl auch aus Geheimhaltungsgründen – nicht im Druck erschienen.

Der Gültigkeitsbereich des Exerzierreglements deckt den Zeitraum der Revolutionskriege und der Feldzüge von 1806, 1807 und 1809 ab. Er endet mit der Ausgabe des Exerzierreglements von 1810. Das Capitaines-Reglement dürfte mit den entsprechenden Abänderungen seine Gültigkeit bis in die nachnapoleonische Zeit gehabt haben.

Festzustellen ist, dass den Artillerie-Capitaines bei der Ausbildung der ihnen untergebenen Mannschaft noch Freiheiten[1] gelassen werden (mussten), die z.B. mit dem Artillerie-Reglement von 1810 nicht mehr gegeben werden.

Um die in den beiden Reglements getroffenen Vorschriften auch für den Felddienst einordnen zu können, sei an dieser Stelle die Lektüre des kleinen Werkes „Der Artilleriedienst im Felde für den Hauptmann und Subalternoffizier" aus dem Jahre 1786[2] empfohlen.

Es ist mir persönlich eine Freude, wiederum eine Lücke in den für die sächsische Armee erlassenen Vorschriften schließen zu können. Mein herzlicher Dank gilt dabei wiederum der tätigen Unterstützung durch die Mannschaft des Hauptstaatsarchives in Dresden.

Radstadt (Salzburger Land) im August 2015

Jörg Titze

---

[1] Diese Freiheiten rühren noch aus einer Zeit, wo die Artillerie mehr Zunft denn ein wissenschaftliches Korps war. So mussten sich noch Ende der 1780er Jahre die Artillerie-Capitaines bei Übernahme der von Gemeinden gestellten Knechte und Pferde „an manchen Orten zu Folge uralter Kriegs-Artikel …eidlich verbindlich machen, dass sie keine Teufelskünste gebrauchen wollen." (Raabe 1786)

[2] Dem sächsischen Artillerie-Offizier Raabe zugeschrieben und 1786 bei Carl Graz (Freiberg und Leipzig) erschienen.

Reglement

für die Chefs und Capitaines

des Artillerie-Corps

Ao. 1767

Inhalt

Extrakt

Aus der von Sr. Gen: Feld-Marschall Chevalier de Saxe Durchl. ergangenen Ordre insoweit es das Capitaines Reglement betrifft

pp.

4.

Ferner wird in Hohen Gnaden approbiert, dass in Zukunft bald möglichst zu jeder Artillerie-Compagnie ein Regiments-Stück, zu Stabe jeden Artillerie-Bataillons aber ein schweres Kanon, ein Haubitz und ein Mortier gegeben werde, und soll durch die beiden General-Inspekteurs und den Direktor der Artillerie-Schule, mit Zuziehung sämtlicher Stabs-Offiziers vom Korps ein solches Reglement ausgearbeitet, und folgendes zu gebührender Beobachtung gebracht werden, welches bei denen Compagnien zu Erlangung behöriger Gleichförmigkeit sowohl des anzuweisenden Manoeuvre mit jeder Art des Geschützes, als auch desjenigen Unterrichts dienen könne, dann die Compagnie-Kommandanten in- und außerhalb ihrer Privat-Laboratorien, teils ihrer Mannschaft überhaupt, in denen nötigsten Anfangs-Gründen und praktischen Stücken der Artillerie, teils denen zur Artillerie-Schule geschickt findenden Subjekte in Sonderheit, zur weiteren Vorbereitung auf selbige, teils auch denen, so nach absolvierten Artillerie-Kursus zu denen Compagnien zurück kommen, zu behöriger Übung in denen erlernten Wissenschaften zu erteilen haben sollen.

Dresden, den 26. Novbr. 1766

Chevalier de Saxe

Extrakt

Aus der Chur-Fürstl. Sächs. neuen Artillerie-Ordnung insoweit es das Capitaines-Reglement betrifft

pp.

ad IV.

Die Manoeuvres selbst bei jeder Art der Geschütze, sind durch die Inspekteurs nebst sämtlichen Stabs-Offiziers festzusetzen, und bei der Schule auszuarbeiten, auch ebnermaßen ein Reglement zu entwerfen, was für Unterricht die Compagnie-Kommandanten in ihren Privat-Laboratorien ihrer Mannschaft, in den nötigsten praktischen Teilen der Artillerie, mehr im Ernst-als im Lust-Feuer geben, und nach was für einer Methode solches geschehen soll? Damit hierrinnen eine durchgängige Gleichförmigkeit im Korps und in der Artillerie-Schule beobachtet werde, in Maßen dafür bei dieser, und bei jenem die Majors zu repondieren haben.

Dresden am 14. Novbr. anno 1766

Xaverius

Reglement

Wonach die Kommandanten derer Artillerie-Compagnien, sich zu achten, und was dieselben, in Unterweisung der ihnen untergebenen Mannschaft, um tüchtige und zum Herrn-Dienste brauchbare Artilleristen zu machen, zu beobachten haben.

1.

Gleich wie bereits in der Höchst erteilten neuen Artillerie-Ordnung wohl bedächtig verordnet worden, dass das Exercise mit dem kleinen Gewehr, nicht zur Haupt-Sache gemacht, sondern nur, als ein Neben-Werk, traktiert werden soll; Also hat ein jeder Artillerie-Compagnie-Kommandant sich danach zu richten und auf das Exercise mit dem Geschütze, hauptsächlich sein Bedacht zu nehmen.

2.

Jeder Mann muss das Detail des Kanons, Mortiers und Haubitzes, wie auch von der Affuite und Maschine kennen, so, dass ihm die geringste Benennung nicht unbekannt sei, und soll die Unterweisung nach der Benennung des Details auf denjenigen Rissen geschehen, welche der Compagnie-Kommandant bei der Artillerie-Schule, sobald alles behörig reguliert und approbiert worden, wird erhalten, und eine Kopie davon nehmen lassen können, damit auch hierrinnen eine Einförmigkeit beobachtet werde.

3.

Nicht minder sollen einem jeden Mann die Copora, welche geschossen oder geworfen werden, in Natura gezeigt und benannt werden, damit bei deren Hohlung sich keine Konfusion einfinde.

4.

Hauptsächlich aber ist sämtlichen Mannschaften derer Compagnie, in den Manoeuvres mit allen Arten der Geschütze, sowohl auf der Stelle, als im Avancieren und Retirieren, desgleichen in ab- und aufprotzen, nach derjenigen Vorschrift, so noch fernerhin wird erteilt werden, fleißig zu üben, und dergestalt abzurichten, damit ein jeder bei allen Kommando-Wörtern wisse, was er auf seinem Posten zu tun habe.

5.

Und da bei denen vom Stabe detachiert stehenden Compagnien die Mannschaft nur mit den Regiments-Stücken exerziert werden kann; so soll diejenige Mannschaft, welche von den besagten Compagnien zur Stabs-Wacht kommt, die Zeit über, da sie auf derselben steht, in den Manoeuvres mit dem schweren Geschütz zugleich mit der daselbst in Garnison stehenden Mannschaft geübt und unterwiesen werden.

6.

Weil auch jeder Mann bei dem Geschütz einen verschiedenen Posten, mithin auch verschiedene

Verrichtungen hat; so sind die Nummern, von Zeit zu Zeit, zu verwechseln, damit ein jeder zu allen Posten exerziert werde, wobei dann der Mannschaft insbesondere das Stillschweigen anzubefehlen ist, damit keiner den andern irre mache, und die Mannschaft auch schon zum Stillschweigen gewöhnt sei, wenn bei einer Belagerung das Geschütz auf die Batterien zu führen ist.

7.

Jeder Capitaine muss zum Grund-Satze annehmen, dass bei den Manoeuvres mit dem Geschütze, es hauptsächlich auf die Geschwindigkeit, nicht aber auf einen Griff mit dem Wischer, noch auf eine $\frac{1}{8}^{tel}$ Wendung, noch auf einen abgemessenen Schritt ankomme, und soll daher das Exercise mit dem kleinen Gewehr, nicht zum Maß-Stabe bei dem Geschütz angenommen, sondern, weil solches den Mann geniert, ein folglich die Geschwindigkeit, als die Haupt-Sache, verhindert, mehr auf die Fertigkeit des Mannes, als auf reinen Griff attendiert werden.

8.

Sobald die Mannschaft in den Manoeuvres gut unterrichtet sich befindet, sollen derselben verschiedene Distanzen auf und unter dem Horizont, abgesteckt, und dieselbe auf das Augen-Maß geübt werden, dass sie die Distanz ziemlich in Schritten zu judizieren, das Kanon zu vergleichen und, nach Wegnehmung ihres Kegels, erkennen lerne, wie viel sie über Metall von Distanz zu Distanz vorzuhalten, oder wie sie einen Bogen-Schuss zu machen, oder zu plongieren haben.

Das Mittel aber auf den Kanons nach der alten Art zu finden, soll nicht mehr statt haben, sondern die Mannschaft vielmehr gewöhnt werden, über die höchsten Friesen zu visieren, als welches allemal das wahre Mittel ist, und hat die Findung des Mittels nur bei Haubitzen und schweren Kanons auf Bettungen statt, und geschieht vorne durch den Zylinder, hinten aber durch Aufsetzung des Quadranten, welcher aber auch verkehrt zu applizieren ist, damit, wenn die Hinter-Friesen nicht gehörig abgedreht sind, das medium proportionale zum Mittel genommen werden könne.

9.

Ein jeder Mann soll unterwiesen werden, alle Arten der Geschütze gehörig zu laden, und zu richten. Die Art und Weise derer Richtungen, von Distanz zu Distanz, wird ferner noch bestimmt, und dem Capitaine angewiesen werden.

Die Richtungen derer Mortiers und Haubitzen aber, in wie ferne Grenaden und andere Corpora daraus geworfen werden, gehört nur für die Schule, und bei den Compagnien für diejenigen Leute, so schon ihren Cursum bei der Schule gemacht haben.

10.

Die Mannschaft soll nicht weniger darinnen unterwiesen werden, wie ein umgefallenes Kanon wieder auf- und einzuheben, als wovon die Art und Weise, wie solches am besten geschieht, ebenfalls noch künftighin mitgeteilt werden wird.

11.

In den Privat-Laboratoriis soll ein jeder angewiesen werden, Patronen, Kartätschen, Trauben-Hagel, Brändgen und Hülsen zu machen, auch allenfalls eine Raquette zu schlagen. Nicht weniger soll ein jeder, bei allen Arten derer Ernst-Feuer, die Hand-Arbeit verrichten lernen.

Der Satz der Komposition aber, ist nur für diejenigen, welche die Schule frequentieren, und ist daher auch den anderen nicht bekannt zu machen.

12.

Ein Ober-Kanonier soll noch, außer dem obangeführten, den Artillerie-Maßstab, nach der bereits berechneten Tabelle, aufzutragen und praktisch zu gebrauchen, desgleichen ein Regiments-Stück, nebst dessen Affuite und Maschine, nach seiner wahren Proportion, in Linien aufzutragen wissen, und daher darinnen wohl unterrichtet werden.

13.

Sämtliche Compagnie-Mannschaft, soll in verschiedenen Klassen eingeteilt, und durch die

Unter-Offiziers im Schreiben und Rechnen unterrichtet und geübt werden.

14.

Dahingegen diejenigen Subjekte, welche zu höheren Avancement Hoffnung von sich geben, durch einen Ober-Offizier, oder auch geschickten Unter-Offizier, der die Schule frequentiert hat, in der mathematischen Arithmetik, in den Brüchen und Speciebus der Algebra, unterrichtet, nicht minder ihnen eine Kenntnis von denen geometrischen Figuren und Körpern gegeben, und im Zeichnen dahin geschickt gemacht werden sollen, dass sie ein Kanon ziemlich abzeichnen, eine Situation kopieren, und eine leichte Kartusche entwerfen lernen.

15.

Die Compagnie-Kommandanten haben allezeit die geschicktesten und fähigsten Subjekte in der Compagnie zur Schule auszusuchen, und solche dem Herrn Obristen in Vorschlag zu bringen. Und hierauf wird mit der größten Sorgfalt zu attendieren sein, allermaßen keine schwachen Genies und noch viel weniger stupide und phlegmatische Köpfe, zu Erlernung der Artillerie-Wissenschaften tauglich, und, wenn sie weiter avancieren, aus Mangel der gehörigen Einsicht und Gegenwart des Geistes, dem Herrn-Dienste jederzeit nachteilig sind. Daher solche, und wenn sie auch wirklich von distinguierter Geburt wären, völlig davon ausgeschlossen werden müssen.

16.

Die Capitaines sehen darauf, dass diejenigen, so bei der Schule gewesen, sich bei den Compagnien fleißig fort üben, damit selbige in ihrer Kunst immer geschickter werden, und gehen ihnen daher hierrinnen sowohl mit ihren Laboratoriis an die Hand, als sie auch zuweilen und besonders im Frühjahr veranstalten, dass diese gewesenen Scholaren Gelegenheit haben, eine Redoute aufzuwerfen, oder eine kleine Linie à la Campagne zu fortifizieren, oder eine Linie mit Schanzkörben zu decken, da dann die ganze Compagnie Mannschaft mitarbeitet, und hierbei Faschinen-Würste, Schanz-Körbe, Horden etc. zu verfertigen und andere hierzu nötige Handarbeiten verrichten lernt.

17.

Die Majors sind dahin angewiesen, darauf genau zu halten, damit obige Punkte gehörig in Erfüllung gebracht, und denselben stracklich nachgelebt werde. Auch der Premier-Lieutenant, als von welchem, vermöge des Dienst-Reglements, die Dressierung und das Exercise der Compagnie gefordert wird, hat, da dieses eigentlich das wahre Exercise der Artillerie ist, in seiner Maße darauf zu sehen, und soll dafür responsable sein.

Dresden, den 5$^\text{n}$ Febr. 1767

Chevalier de Saxe

Exercier-Reglement

mit dem Geschütz

für die

Chur Fürstl. Sächs. Artillerie

von dem Jahr

1777

Capita,

des Artillerie Exercier-Reglements

Nachdem die Artillerie wegen des Dienstes im Lande, in so fern solche nicht bei dem Geschütz kommandiert stehet, auf die Reglements der Infanterie von den Jahren 1753 und 1776 angewiesen ist; also soll es auch noch fernerhin sein gehöriges Bewenden haben, und werden alle dernach zu entscheidenden Vorfälle abgetan, und die daselbst gegebenen Vorschriften in die genaueste Erfüllung gebracht. Was hingegen ihre eigentlichen Dienste bei dem Geschütz und zu Felde anlangt, so sind

Ihro Chur Fürstl. Durchl. um bei Höchst **Deroselben** Artillerie eine gleichförmige und bestimmte Bedienung einzuführen, folgende Vorschriften und Grundsätze festzusetzen in Höchsten Gnaden bewogen worden; Es fordern daher Höchst **Dieselben** die genaueste Befolgung unter der schwersten Verantwortung und befehlen

Cap: I

Von dem Geschütz überhaupt

§ 1

Ein jeder Offizier der Artillerie, soll sobald er zu gewissen Geschütz kommandiert wird, nebst den dazu gegebenen Unter Offiziers jede einzelne Piece genau übernehmen, und ob selbige nach den festgesetzten Ausrüstungs Plan de ao. 1767 und denen seit dieser Zeit ergangenen und noch zu ergehenden Ordres, mit allen nötigen Ladezeug, Munition, Apparat und Requisiten Wagen und

Pferden versehen, mit der größten Aufmerksam-
keit untersuchen, auch nicht eher solches
übernehmen, bis alles in guten tüchtigen Stand
gesetzt worden, dargegen derselbe gehalten ist,
vor allen dabei hernach befundenen Schaden
responsable zu sein, und nach Befinden der
Umstände, sich der strengsten Verantwortung
auszusetzen, im Fall einige Fahrlässigkeit ihm
oder dessen Untergebenen zu Schulden kommen
könnte.

§ 2

Der Offizier muss aus diesem Grunde ein sehr
feines Auge haben, ob die Unter Offiziers seinen
besonders darüber gegebenen Unterricht
gebührend nachkommen, indem von der
beständigen Erhaltung und Brauchbarkeit der bey
sich habenden Geschütze in allen Fällen seine
eigene Ehre abhängt.

§ 3

Bei dem Exercice ist denen Leuten die Schonung
der Maschine, Affuite und Ladezeug nicht
genugsam einzuprägen, weil diese Stücke
unterbleibenden Falls, wenn sie auch von den
besten Materialien und sehr gut gearbeitet wären,
ganz leicht ruiniert werden können.

§ 4

Da auch der eine Batterie, oder die zu einem
Regiment oder Bataillon gegebene Artillerie
kommandierende Offizier, die Wagen Meister und
sämtliche Roß Partei, mit dem Geschütz zugleich

übernimmt, so muss ein erstes Augenmerk dahin gehen, dass wegen der Unterhaltung und Wartung der Pferde, die genaueste Aufsicht und Attention angewendet werde.

§ 5

Im Felde ist die Erhaltung der einmal gefertigten Munition in aller Betrachtung ein vorzüglicher Gegenstand der Artilleristen, es müssen aus diesem Grunde besonders zu Anfang einer Campagne nach jeden vollbrachten Marsche so bald es nur die Zeit erlauben will, alle Schusskasten bei den Regiments-Stücken, wie auch Kugel- und Grenadwagen, von dem Park-Geschütz revidiert, wo das eingestopfte nach-gegeben, die Schüsse herausgenommen und neu eingesetzt, nicht minder im Fall nasses Wetter, oder sonstige Vorfallenheiten einige Verderbnis derselben vermuten lassen, bei den einfallenden guten Tagen die Kästen aufgemacht, und die fertigen Schuss nebst Zubehör gesonnet werden.

§ 6

Wenn etwas, als auf den Marsche, als in andern Affairen, an den Geschütz, Apparat und Requi-siten schadhaft worden oder ganz abgehen sollte, so hat, im Fall es auch von den bei sich habenden Vorräten ersetzt oder hergestellt werden könnte, jedoch ein jeder Offizier das schadhafte, sobald als möglich nach dem Park zu schicken, um sein ganzes Zubehör in vollkommenen Vorrate zu behalten. Der Artillerie-Stabs-Offizier, welcher die Brigade kommandiert wird dieser wegen eine gehörige Anordnung machen, dass dergleichen Meldung und Abholung, von seiner ganzen Brigade gemeinsam geschehe, damit wegen jeden einzelnen Stücke, nicht der Geschirr, Wagen und Vieh unnötigerweise strapaziert werde.

§ 7

Da es auch oft geschehen kann, dass einzelne Kanons von den Regimentern zu besondern Kommandos gegeben werden, wobei nicht allzeit die vorrätigen Requisiten sein können, so ist der Fleiß bei der § 1 vorgeschriebenen Untersuchung dieses abgehenden Geschützes, in Rücksicht deren Brauchbarkeit, nicht weniger was die Pferde betrifft, zu verdoppeln, weil in solchen Fällen ein Ersatz öfters unmöglich und wenigstens denen größten Schwierigkeiten unterworfen ist.

§ 8

Es ist endlich überhaupt bei der Artillerie einzuführen, dass vor jedem Abgang zum Marsche oder Kommando das sämtliche dabei notwendige einzeln revidiert, und wie solches befunden, an den diese Brigade führenden Stabs-Offizier der Artillerie rapportiert werde. Ein Offizier der solches unterlassen und dieser wegen überführet wird, hat die schwerste Verantwortung zu gewarten.

80 ✳ 03

Cap: II

Von der Subordination und Commando der Artillerie im Felde

§ 1

Da das Artillerie-Korps, wie es jetzo bestehet, ein eigenes Reglement ausmacht, so ist von der Subordination unter sich allein, hier um desto weniger etwas zu sagen, weil aller innerer und äußerer Dienst eingerichtet, und die dazu nötigen Vorschriften in denen vorher erwähnten Reglements enthalten sind, welche hierinnen einzig und allein zur Richtschnur dienen.

§ 2

Die ruhmwürdigsten Taten einer Armee im Felde, können aber unmöglich ohne die nötige Subordination und Verbindung der sämtlichen Teile von Truppen, als ihr einziger Endzweck verlangt werden, ob dahero gleich die Artillerie außer dem Feld-Dienste vor sich bestehet, und die andern Regimenter mit selbigen keinen Zusammenhang haben, so ist jedoch im dem Fall, da sie ein notwendiger Gehilfe der Infanterie wird, sie auch in gewissen Verhältnis denen Korps oder Regiments Kommandanten unterworfen, und hat der dabei stehende Offizier, die gebührende Subordination zu beobachten.

§ 3

Ein zu einem Regiment oder Bataillon mit seinem Geschütz und Mannschaft kommandierter Artil-

lerie Offizier, ist daher bloß und allein an die
Ordre des Regiments-Kommandanten gewiesen,
und hat weiter von Niemanden aus dem Regiment
Befehle anzunehmen, oder sonst an jemand die
nötigen Rapports abzustatten, in so ferne solches
die äußerlichen so wohl als reellen Dienste
betrifft.

§ 4

Es wird aber einen dergleichen Artillerie-Offizier,
die Platzierung und bei einzelnen Vorfällen, die
Einrichtung dieser zugegeben Kanons, in so ferne
Umstände vorfallen, welche bloße wissenschaftliche Kennnisse der Artillerie verlangen, überlassen, dargegen derselbe auch sich dergestalt
vorzusehen hat, dass er mit aller möglichen, dem
Artilleristen gebührenden Einsicht diesen Umständen nachforsche, auf dass bei nachfolgender
Untersuchung ihm nicht die schwerste
Verantwortung nach Befinden zu teil werde.

§ 5

Zu Erreichung vorgemeldeten Endzweckes sind
zu denen Infanterie-Regimentern und Grenadier-
Bataillons die gesetztesten und versuchtesten
Artillerie-Subaltern-Offiziers zu kommandieren,
und in so ferne solche ausreichen, bloß dahin die
Premier-Lieutenants des Korps zu setzen.

§ 6

In die eigentliche Wirtschaft eines dergleichen
Kommandos der Artillerie, hat sich der Kommandeur des Regiments nicht zu melieren, sondern es

ist solche allein den dabei stehenden Offizier, was seine Mannschaft, Pferde und Geschütz betrifft, überlassen.

§ 7

Von diesen nur erwähnten Sachen und Umständen, liegt ihm hauptsächlich ob, in so ferne er nicht mit dem Regiment detachiert stehet, täglichen Rapport an den Artillerie-Stabs-Offizier, welcher sich bei der Brigade nach Cap: VI befindet, zu machen, und wegen aller ihm abgehenden Munition, Apparat und Requisiten zu weiterer Erhaltung aus dem Park, die Meldung zu besorgen.

§ 8

Wenn wegen Reparatur oder Empfang neuer Munition, ein Kanon, Wagen, Pferde oder Mannschaft in den Park gesendet werden sollten, so muss der Kommandant des Regiments, davon vorhero benachrichtigt sein, und ob solches geschehen könne, die Resolution von ihm erwartet werden.

§ 9

In dieser Absicht soll sowohl in den Marsch- als Kantonierungs-Quartier, als auch selbst im Lager von der Artillerie-Mannschaft eines Regiments, ein Ober-Kanonier an den Kommandanten zur Ordonnanz täglich gegeben, weiter aber niemalen einige Wacht- oder Regiments-Dienst verlangt werden, indem was die Kanons angehet, noch außerdem die nötigen Leute zur Observation von der Artillerie im Dienst sind.

§ 10

Im Fall bei denen Regimentern im Kantonierungs-Quartier oder Campement von dem Regiments-Kommandanten ein Exercice angestellet werden sollte; so ist der Artillerie-Offizier auf Verlangen gehalten mit sämtlichen Mannschaften, Kanonen, Wagen und Pferden, wie es befohlen ist zu erscheinen, und die dazu passenden Manoeuvres von seiner Seite zu exekutieren.

§ 11

Weil die Befehlshaber der Batterien, so aus 6 Stück egalen Geschützes durchgängig bestehen sollen, und welche nach Cap: VI jedesmal von einem Artillerie Capitaine nebst 2 Subaltern-Offiziers kommandiert werden, an kein Regiment besonders attachiert sind, sondern als zu einer ganzen Kolonne oder Flügel der Armee gehörig, angesehen werden müssen; als haben selbige auch, nur von den diesen Flügel komman-dierenden General, oder den dabei angestellten Artillerie-Stabs-Offizier, die nötigen Befehle anzunehmen, und an den Tag einer Schlacht von dessen Disposition und Anordnung die Platzierung ihrer Batterien zu erwarten, indem derselbe allein von dem Endzwecke und Absicht der ganzen Kolonne oder des Flügels, wegen beständiger Anwesenheit bei ermeldetem General, am besten unterrichtet sein kann.

§ 12

In unvermuteten Affairen, desgleichen wenn sich die ganze Armee vor oder rückwärts beweget, wo es wegen Abwechslung des Terrains nicht allezeit tunlich sein will, dass wegen den Platz einer dergleichen beweglichen Batterie vieles Untersuchen angestellet werden könne, hat der Capitaine derselben, alle mögliche Mühe und Beurteilungskraft anzuwenden, dass er den übrigen Absichten der Armee gemäß, und nicht entgegen handle, ist es also in solchen Ereignissen möglich, von einen ohnweit seiner Batterie in der Linie der Armee kommandierenden General Erläuterungen, oder wirkliche Auskunft zu erlangen, so hat er davon hauptsächlich Nutzen zu schöpfen.

§ 13

Was den innerlichen und äußerlichen Dienst dieser Batterien betrifft, so hat der Kommandeur derselben alles nötige zu besorgen, und an niemand anders Rapport zu erstatten und Ordre zu empfangen, als von dem seiner Brigade vorgesetzten Artillerie-Stabs-Offizier.

§ 14

Gehet in der Batterie etwas an Geschütz, Wagen, Pferden, Munition und Requisiten zu Grunde, so ist solches ebenfalls an den benannten Stabs-Offizier zu melden, welcher als dann im Fall von den sämtlichen seinen Befehlen anvertrauten Batterien, etwas aus dem Park abzuholen wäre, die weitere Verfügung treffen, und dieserhalb die nötige bestimmte Ordre geben wird.

§ 15

Diese Batterien zusammen genommen geben zur geschwinderen Expedition der Befehle täglich im Felde, oder wenn die ganze Kolonne in nahen Kantonnements stehet, einen Unter-Offizier an den diesen Flügel kommandierenden General, und zu dessen Adjutanten einen geschickten Ober-Kanonier zur Ordonnanz.

§ 16

Von jeder dieser Batterien aber wird täglich an den Artillerie-Stabs-Offizier des Flügels, ein Ober-Kanonier zur Ordonnanz und geschwinder Expedition der Befehle gegeben; alles übrige aber, was hier nicht vorher bestimmt werden kann, denselben und dessen Disposition in Rücksicht der Beförderung des Herren Dienstes überlassen.

Cap: III
Handgriffe mit dem Regiments-Stück
§ 1

Zu der Bedienung eines 4pfdgen Regiments-Stücks soll jederzeit

    1 Unter-Offizier

    9 Mann

gegeben, und selbige folgender Gestalt eingeteilt werden, als

der Unter-Offizier schlägt durch und setzt das Brändgen ein

No. 1 besorgt das Richten, und ziehet bei den Kartätschen die Maschine

No. 2 führt die Patrone ein

No. 3 wischt das Kanon aus und setzt die Patrone an

No. 4 feuert, und führt eine brennende Lunte

No. 5 holt die Patronen

No. 6 ist bei dem Munitions Karren Wagen

No. 7 dirigiert den Schwanz der Affuite

No. 8 hat eine vorrätige Lunte, und hilft den Schwanz der Affuite mit No. 7 tragen

No. 9 trägt den Munitions Kasten

§ 2

Wenn ein jeder Mann auf vorbeschriebener Art eingeteilt, und noch nicht abgeprotzt ist, wird kommandiert:

Marschiert auf eure Posten!

hierauf stellt sich

Der Unter-Offizier rechts des Kanons, dergestalt dass noch No. 5 und 9 zwischen ihm und dem Kanon stehen können

No. 1 links des Kanons nächst der Maschine

No. 2 rechts an der Achse

No. 3 links an der Achse

No. 4 links an der Maschine neben No. 1

No. 5 rechts neben dem Unter-Offizier

No. 6 an den Munitions Karren Wagen linker Hand

No. 7 linker Hand des Handpferdes an der Deichsel

No. 8 rechter Hand des Protzwagens

No. 9 rechts an den Kanon neben No. 5

Sämtliche Mannschaft macht mit dem Kanon gleiche Front.

§ 3

Auf das Kommando

Protzt ab!

werden folgende Tempos mit der möglichsten Geschwindigkeit gemacht.

1tes Tempo

No. 9 nimmt die Stücklade aus der Affuite und setzt solche neben sich auf die Erde

No. 3 läßt das Rohr in die Maschine einschnappen nimmt den Kühleimer ab, und setzt selbigen 2 Schritt links vor den Rade nieder, endlich wird der Mundpfropf abgeschnallt, und in den Not-Haken eingehangen

No. 2 schnallt den vordersten Ladezeug Riemen auf, und nimmt die Avancier-Stangen zu sich

No. 5 verrichtet das nämliche auf den hintersten Riemen, nimmt den Hebebaum heraus und gibt solchen bei den 2ten Tempo an No. 8

No. 8 hakt die Protzkette aus, und hängt sie bei dem Fortgehen der Pferde wieder ein

No. 7 wuchtet vorn an der Deichsel, das Ausheben der Affuite zu erleichtern

No. 6 schließt den Wagen auf, legt sich alles darinnen in Bereitschaft, und macht, sobald er was herausgenommen hat, die Decke zu.

2tes Tempo

No. 1 und 4 greifen in die linke

No. 5 und 8 in die rechte Affuiten Wand, heben solche zugleich ab, und setzten den Schwanz gelassen nieder

No. 7 empfängt den Hebebaum von No. 8 und tritt hinter den Schwanz der Affuite

Der Unter-Offizier schließt die Stücklade auf, nimmt daraus die nötigen Sachen und gibt die Avancier-Siele an

No. 2 und 3 welche sie dergestalt umhängen, dass jeder den Arm durchsteckt, welcher auf seinem Posten zu nächst an der Kanon ist, desgleichen steckt jeder den Ring mit der Hand des bemeldeten Armes in sein Kuppel.

No. 9 geht mit der Stücklade 12 Schritt hinter das Kanon, und setzt sie dergestalt nieder, dass der Deckel sich gegen das Kanon öffnet

3tes Tempo

No. 1 schnallt die hinteren, und

No. 3 die vorderen Ladezeug-Riemen auf, davon No. 3 den Wischer zu sich nimmt, und mit No. 1 das übrige wieder anschnallt

No. 2 gibt eine Avancier-Stange an No. 4 und befestigen selbige beide Nummern auf ihrer Seite

Der Unter-Offizier gibt das Pennal mit den Anzünde-Brändgen an No. 4, welcher es in das Kuppen einhakt, und sodann das Feuer besorgt; er selbst aber befestigt an sein Kuppel die Durchschlage-Brändgen Tasche, nimmt daraus eins in die linke Hand und den Durchschlag in die rechte.

No. 5 knöpft auf der rechten, und

No. 1 auf der linken Seite die Kappe ab, welche ersterer an No. 2 gibt, der sie zu Verbergung der

Patronen um den Hals hängt. No. 1 zieht ferner den Splint aus den Ruhe-Riegel, und bringt das Kanon in Absicht der Höhe der Richtung nahe, die er zu brauchen glaubt.

No. 5 zieht den Ruhe-Riegel heraus, und bringt ihn an seinen Ort.

No. 7 steckt den Hebebaum durch den Protzring, so, dass er auf der Hebestütze zu sitzen kommt, und wenn No. 1 mit richten fertig, zieht er solchen wieder heraus.

No. 8 holt eine Patrone, gibt sie an No. 2 und hilft sodann bei aller Gelegenheit mit No. 7 den Schwanz der Affuite tragen. Die übrigen nötigen Patronen holt No. 5 und gibt sie an No. 2

Der Unter-Offizier visitiert mit dem Durchschlage das Zündloch, und lässt ein gleiches von No. 3 bei dem Kanon verrichten, er gibt übrigens genau Achtung, dass diese nur beschriebenen Tempos, sowohl als auch alle folgenden Manoeuvres in gehöriger Ordnung und Geschwindigkeit exekutiert werden.

§ 4

Wenn die Ladung noch nicht befohlen; so wird kommandiert

Auf eure Posten!

hierauf stellt sich

der Unter-Offizier rechter Hand an der Maschine

No. 1 linker Hand an der Maschine

No. 2 rechter Hand an der Achse des Kanons in einer ⅛^{tel} Wendung, die Augen nach der Mündung des Kanons habend

No. 3 linker Hand an der Achse in eben der Stellung wie No. 2, hält den Wischer in beiden Händen schräge, so dass die Finger der rechten Hand unterwärts eine Spanne von den Wischer mit ausgestreckten Arm, und die Finger der linken Hand oberwärts eine Spanne von Setz-Kolben mit eingebogenen Arm zu liegen kommen.

No. 4 hinter No. 3 linker Hand der Avancier-Stange, und hält die Lunten-Klemme in der linken Hand unterwärts.

No. 5 rechter Hand neben den Unter-Offizier, hinter No. 2

No. 6 an den Munitions Karren Wagen

No. 7 linker Hand an den Schwanz der Affuite

No. 8 rechter Hand No. 7 an den Schwanz der Affuite

No. 9 zwölf Schritt hinter dem Kanon, welche Distanz der Mann sowohl im Avancieren als Retirieren behalten muss.

§ 5

Zu Bezeigung der Honneurs, wenn das Kanon abgeprotzt ist, stehen auf das Kommando-Wort

Parade!

sämtliche dabei befindlichen Artilleristen in folgender Ordnung

Der Offizier 6 Schritt vor der Mitte seiner Mannschaft des rechten Flügels von den ersten Kanon

No. 2 und 5 formieren das erste Glied des rechten, und

No. 1 und 3 des linken Flügels in der Linie der Kanon-Achsen

No. 4, 7 und 8 formieren das 2te Glied an den Schwanz der Affuite, als No. 4 links und 7 und 8 rechts

No. 6 und 9 bleiben auf ihren Posten.

Der Unter-Offizier deckt den rechten Flügel des ersten Gliedes

Sind aber die Kanonen aufgeprotzt und es soll Parade gemacht werden, so kommt No. 6 auf den rechten, und No. 4 auf den linken Flügel in das erste Glied, im zweiten wird sodann No. 7 links und No. 8 und 9 rechts rangiert.

§ 6

Soll die   Ladung   geschehen, so kommandiert der Unter-Offizier mit leiser Stimme alle Tempos derselben als

Wischt aus!

Führt ein!

Setzt an!

Richt!

Schlagt durch!

Feuer

er selbst schlägt durch und setzt das Brändgen ein.

Eine jede Nummer tritt, nachdem sie eines Tempos wegen in Bewegung gewesen, sogleich auf ihren Posten zurück und bleibt unbeweglich stehen.

Die Mannschaft ist wohl zu instruieren, dass sie während dieser Aktions auf keinen andern Gegenstand als ihr Kanon sehen, wozu sie kommandiert sind.

Auf

Wischt aus!

springt No. 3 lebhaft gegen die Mündung vor, und stößt mit hohl gemachten Leibe, den Wischer in das Rohr, dreht solchen einige mal um, zieht ihn sogleich wieder heraus, und tritt auf seinen Posten; soll aber das Kanon geladen werden, verbleibt sie in vorheriger Stellung stehen, hält den Wischer vor die Mündung, um wenn angesetzt werden soll, sogleich dazu bereit zu sein.

No. 1 hält hier sorgfältig das Zündloch dergestalt zu, dass niemalen No. 3 eher mit dem Wischer in das Rohr kommt, bis sein Daumen darauf festliegt.

Führt ein!

No. 2 springt gleichfalls gegen die Mündung des Kanons; hat in der rechten Hand die Kugel oder

Kartätsche, und wenn mit blinden Patronen gefeuert wird, den Bund, führt dieselbe mit einem Druck in die Mündung und tritt als bald auf ihren Posten zurück, wo sie von

No. 5 sogleich eine frische Kartusche empfängt, No. 5 holt darauf mit Eilfertigkeit eine andere von No. 9 die sie unter der aufgeknöpften linken Rock-Klappe verbirgt, und auf ihren Posten tritt.

Setzt an!

No. 3 so noch bei der Mündung des Kanons verblieben, stößt mit dem Wischer die eingeführte Patrone in größter Geschwindigkeit bis an den Boden, zieht den Wischer heraus, und tritt auf seinen Posten.

Richt!

No. 1 tritt mit den rechten Fuß zwischen die Affuite, nimmt in die rechte Hand die Kurbel, visiert über Metall nach den Objekt so ihr befohlen ist, und nachdem sie an No. 7 wegen den Alignement das Zeichen zum Rücken des Schwanzes gegeben, elevirt oder plongiert sie das Kanon.

No. 7 die mit No. 8 den Schwanz trägt, steckt, so bald das Kanon losgegangen, den Hebebaum durch den Protz-Ring, auf die Hebestütze, gibt genau auf das Zeichen acht, so ihr No. 1 mit der Hand gibt, und schwänzt das Kanon wie es No. 1 haben will; ist hingegen die Richtung fertig, so zieht sie ihren Hebebaum heraus, tritt zurück, und behält ihn bei den Fuße. Sobald gerichtet ist, geht

No. 1 auf seinen Posten, und observiert, ohne sich davon zu entfernen, den Schuss, so gut als möglich, um bei künftiger Richtung daraus den gebührenden Nutzen zu ziehen.

Schlagt durch!

Der Unter-Offizier fährt mit den in seiner rechten Hand habenden Durchschlag durch das Zündloch in die Patrone, setzt mit der linken Hand sogleich das Durchschlag-Brändgen ein, und springt zurück.

Im Fall derselbe gewahr werden sollte, dass die angesetzte Patrone nicht am Boden stünde, so lässt er solches noch einmal verrichten.

Feuer!

No. 4 hauet, da er vorhero das Brändgen angezündet, sogleich auf. Es steht dabei dieser Mann vor der Avancier-Stange, geht mit seinem Feuer wegen der von den Neben-Kanon vorbei zu tragenden Munition behutsam um, und wirft dieserhalb wenn ein Brändgen zu kurz wird, das übrige Stück jederzeit vor die Mündung des Kanons.

Nota: Bei dem Wort Feuer! treten sämtliche bei den Kanon befindliche Mannschaften, einen Schritt seitwärts von den Kanon ab, sobald aber solches losgegangen, springen sie mit Geschwindigkeit wieder an dasselbe, und suchen das vorherige Alignement zu erreichen.

§ 7

Soll mit Kartätschen gefeuert werden, so geschehen all vorige Tempos ohne Kommando, das Ansetzen fällt weg, und statt dessen wird die Maschine gezogen. Auf das Wort

Kartätschen!

No. 5 holt bei No. 9 eine dergleichen Patrone, welche Nummer beizeiten davon avertiert wird, damit sie sich auf einige Schritte mit dergleichen Kästen den Kanon nähere.

No. 6 nimmt ebenfalls wegen geschwinder Unterhaltung dieses Feuers Kartätschen-Kästen, und trägt sie No. 9 entgegen.

No. 1 stemmt sich sodann mit den rechten Fuß an den Auftritt ohnweit des Deckblechs der Maschine , nimmt den Griff der Maschinen-Leine in die linke Hand, und zieht mit der rechten die Klinke ab, damit das Rohr einfalle

No. 2 führt als dann die Kartätschen ein

No. 1 zieht mit beiden Händen und steifen Rücken das eingefallene Rohr bis zum einschnappen in die Höhe, und richtet

Der Unter-Offizier schlägt durch und kommandiert

Feuer!

Ob nun gleich bei diesen Feuer, wegen dessen Geschwindigkeit, nicht nach jedem Schuss ausgewischt wird, so ist es doch nicht gänzlich zu verabsäumen, sondern muss wenigstens nach einigen, nass geschehen.

§ 8

Wenn die Kanons vorwärts rücken sollen so wird kommandiert

Macht euch fertig zum Avancieren!

No. 2 nimmt sogleich die in der linken Hand habende Patrone in die rechte, fasst mit ersterer den Ring an der Avancier-Siele, und hakt solchen gehörig in die dazu gefertigte Scheibe ein, geht vorwärts, und zieht das Siel straff an

No. 3 nimmt zugleich den Wischer auf die linke Schulter, fasst mit der rechten Hand den Ring an der Avancier-Siele, hakt ihn wie No. 2 ein, geht vorwärts, und nimmt den Kühleimer in der rechten Hand mit

No. 5 stellt sich rechts nächst der Maschine hinter die Avancier-Stange, und behält die vorrätig habende Patrone unter der Rock-Klappe.

Der Unter-Offizier tritt rechts über No. 5 an die Avancier-Stange, desgleichen

No. 1 linker Hand des Kanons hinter die Avancier-Stange, nächst an der Maschine

No. 4 linker Hand des Kanons, hinter das äußere Ende der Avancier-Stange, und trägt ihr Feuer unterwärts in der linken Hand

No. 7 steckt, wenn das Terrain es erlaubt, den Hebebaum durch den Protz-Ring, und No. 8 hilft ihr bei Marsch den Schwanz der Affuite tragen. Im Fall aber das Terrain unbequem, oder in Doublier-Schritt avanciert werden soll, so wird der Hebebaum von No. 7 auf der linken Seite durch die Trageringe gesteckt, No. 8 fasst so dann denselben auf der rechten Seite, und trägt auf diese Art mit No. 7 den Schwanz der Affuite, in diesen Fall gehen No. 4 und 5 von der Avancier-Stange ab, und helfen an den äußersten Enden des Hebebaums, jede auf ihrer Seite, mit tragen

No. 9 nimmt den Munitions-Kasten vor sich in die Höhe

No. 6 setzt die leere Stücklade und Schuss-Kästen in den Munitions Karren Wagen, und bei

Marsch!

setzt sich alles nach der anbefohlenen Direktion in Bewegung, und alle Nummern helfen, wie sie angestellt worden das Kanon ziehen und schieben.

No. 9 folgt mit den Munitions-Kasten in der Entfernung von 12 Schritt

No. 6 aber mit den Munitions-Karren und Protz-Wagen in der Entfernung von 24 Schritt den Kanon nach.

Auf das Wort

Halt!

wird die Affuite behutsam niedergesetzt, und der Unter-Offizier tritt nebst sämtlichen Nummern auf ihre Posten.

Hier ist zu merken, dass ein Kanon im avancieren, entweder geladen oder ungeladen bleibt, wie es sich zu der Zeit befindet, wenn die Ordre zum Fortrücken gegeben worden, nur muss, wenn es geladen, das Durchschlage-Brändgen wieder heraus genommen, und wenn gefeuert werden soll, vorher wieder frisch angesetzt und gerichtet werden.

§ 9

Zu einer Retirade wird kommandiert

Macht euch fertig zu retirieren!

Bei diesen Manoeuvre bleibt das Kanon in seiner Direktion, und kehren sämtliche Nummern bei den Antreten der Mündung desselben den Rücken zu.

No. 1 fasst die Avancier-Stange mit der linken und

No. 5 mit der rechten Hand an, und treten nächst der Maschine

No. 2 dreht sich alsdann rechts, und

No. 3 links herum, hängen beide ihre Ringe in die Haken ein, und ziehen rückwärts das Siel straff an

No. 4 gibt den Kühleimer an No. 3 und stellt sich auf seiner Seite an das äußerste Ende der Avancie-Stange, so, dass die Siele von No. 3 zwischen ihm und No. 1 durchgehe.

Der Unter-Offizier beobachtet wegen dem Siele von No. 2 ein gleiches, und stellt sich ebenfalls an das äußerste Ende seiner Avancier-Stange

No. 7 und 8 die den Schwanz der Affuite tragen, verhalten sich in allen, wie beim avancieren

No. 6 observiert zuvörderst alles was bei den avancieren erinnert worden, und lässt bei dem Kommando-Wort

> Macht euch fertig zu retirieren!

den Protz- und Munitions-Wagen rechts oder links, wie es das Terrain erlaubt, umlenken

No. 9 macht mit den Munitions-Kasten rechtsum kehrt, und bei

> Marsch!

helfen alle Nummern, wie sie angestellt sind, das Kanon ziehen und schieben

No. 6 fährt in einer Distanz von 24 Schritten dem Kanon mit allen ihren Fuhrwesen vor, und

No. 9 bleibt ebenfalls in seiner vorgeschriebenen Entfernung

> Halt!

bei diesem Kommando-Wort wird sogleich der Schwanz der Affuite niedergesetzt, und alle Nummern springen mit Eilfertigkeit auf ihren angewiesenen Posten.

No. 6 lässt mit den Fuhrwesen zwar halten, jedoch nicht eher umlenken, bis alle Kanons wieder auf das neue avancieren, oder solches ausdrücklich befohlen wird

No. 9 macht wieder rechtsum kehrt

§ 10

Wenn die Distanz im Avancieren und Retirieren sehr groß, dergestalt, dass es denen Leuten die Kanons zu schleppen allen Atem benehmen würde, so wird kommandiert

Protz auf!

worauf die Affuite von denen in folgenden Kapitel bestimmten Nummern auf den Protzwagen gelegt, und die daran befindliche Kette eingehangen wird. Die Avancier-Stangen bleiben an ihren Ort eingesteckt, das nötige Ladezeug, der Munitions-Kasten und was sonst bei den Kanon nötig, wird von den dazu gehörigen Nummern getragen, desgleichen bleibt das Rohr in der Maschine eingeschnappt, nur wird selbiges in der Geschwindigkeit von No. 1 etwas hoch eleviert.

§ 11

Wenn aber kommandiert wird

Protz auf, und bringt alles in Ordnung!

so greifen wieder alle Nummern zugleich zu, um das Kanon mit Geschwindigkeit in die zum Abmarsche gehörige Ordnung zu bringen.

1tes Tempo

No. 5 und 2 geben sogleich ihre vorrätigen Patronen, an

No. 8 die sie in die Schuß-Kasten an No. 9 übergibt. Hierauf springt No. 8 zurück, um den
Hebebaum von No. 7 zu empfangen

No. 1 und 5 nehmen auf ihrer Seite die Avancier-
Stangen ab, und geben sie beide an No. 2

No. 3 schnallt den Mund-Pfropf an und hängt den
Kühleimer an den Nothaken

No. 5 steckt den Ruhe-Riegel wieder in die
Affuite, und

No. 1 befestigt solchen durch Einsteckung des
Splints, leiert als dann die Maschine herunter und
lässt das Rohr bis auf den Ruhe-Riegel einfallen.

No. 6 bringt indessen die Stücklade und gibt
solche an No. 9 nimmt das Schuss-Kästchen mit
den Patronen wieder mit sich, setzt solches in den
Munitions Karren Wagen, arrangiert alles in
selbigen, schließt ihn zu, und gibt die Schlüssel an
den Unter-Offizier

No. 9 nimmt die Stücklade, trägt solche an das
Kanon, setzt dieselbe ein paar Schritt davon
seitwärts nieder, und hilft den Unter-Offizier alles
darinnen einzupacken

2tes Tempo

No. 2 nimmt die Kappe und Avancier-Siele ab,
welches letztere No. 3 auch verrichtet. Diese
beiden Avancier-Siele werden an den Unter-
Offizier gegeben, die Kappe aber an No. 5, die
solche zugleich mit No. 1 am Kanon befestigt. No.
2 schnallt mit No. 5 die Avancier-Stangen und

Hebebaum ein, welchen No. 5 von No. 8 hierzu empfängt. Indessen schnallen No. 1 und 3 auf ihrer Seite das Ladezeug fest an.

Während der Zeit da der Unter-Offizier die Avancier-Siele bekommt, lässt er sich von No. 4 das Pennal mit den Anzünde-Brändgen geben, und wenn No. 9 mit der Stücklade angekommen, so legt er alles was in dieselbe gehört wieder hinein, und verwahrt den Schlüssel.

3tes Tempo

Wenn also das Kanon zum Aufprotzen im Stand gesetzt worden, so heben

No. 1 und 4 den Schwanz der Affuite auf der linken

No. 5 und 8 auf der rechten Seite in die Höhe, der Protzwagen wird von den Stückknecht unter-geschoben, wo

No. 7 an der Deichsel hilft, und selbige wuchtet, dass die Affuite auf die Protze gelegt werden kann

No. 8 befestigt als dann die Protzkette, und

No. 9 setzt die zugeschlossene Stücklade in die Affuite ein.

Wendungen
§ 12

Wenn befohlen wird, mit den Kanons rechts oder links um zu machen, so ist zu verstehen, dass diese Wendung wenn abgeprotzt ist, der Mündung des Kanons angeht. Bei

Rechts um!

muss also der Schwanz des Kanons sich links herum drehen, damit die Mündung eine ¼ Wendung rechst machen kann.

Die Leute vom linken Flügel treten hinter die Avancier-Stangen wie zum Avancieren, und die vom rechten Flügel treten wie zum retirieren, das Kanon wird also auf der Stelle herum gedreht.

Ist aber aufgeprotzt, so geht die Wendung den Schwanz der Affuite an, derohalben müssen die Pferde rechts herum lenken, damit der Schwanz der Affuite sich auch rechts drehen kann.

Bei

Links um!

ist alles was bei Rechts um! befohlen worden, in contrario zu observieren.

Bei

Rechst um kehrt euch!

verändert sich nichts, nur dass die Wendungen halb herum gemacht werden.

৪০ ✴ ଔ

Cap: IV

Was die Detachements des Feld-Artillerie-Corps bei denen Regimentern zu beobachten haben

§ 1

Es werden eingeführtermaßen 2 4pfd. Regiments-Stücke zu jeden Bataillon gegeben, davon in Parade sowohl als in der Chargierung dermalen eins auf den rechten, das zweite auf den linken Flügel jeden Bataillons zu stehen kommt.

Ihre Richtung ist, dass die Achse des Kanons mit den ersten Gliede der Infanterie sich aligniert, die ordinäre Distanz ist von den äußersten Flügel des Bataillons 4 bis 6 Schritt bis an die Achse, und wenn mehrere Kanonen beisammen stehen, 10 Schritt von einer Mündung zur andern, damit von beiden Seiten die Kanons frei manoeuvrieren können.

§ 2

Der Munitions Karren Wagen steht hinter jeden Kanon 24 Schritt. Der Protzwagen rangiert sich rechts des Munitions Karren Wagens, und wenn Requisiten-Wagen bei denen Regimentern befindlich, so bleiben dieselben allzeit auf den rechten Flügel des Bataillons, und rangieren sich einige Schritt gerade hinter den Munitions Karren Wagen.

§ 3

Es kann auch der kommandierende General gewisser ihm allein beiwohnender Ursachen wegen, für gut befinden, und befehlen, dass um die Regiments-Stücke nicht zu vereinzeln und sich in gewissen Punkten bessere Wirkung zu versprechen, zwei derselben auf einen Flügel des Bataillons gestellt, auch wohl gar von allen 6 Kanons eines Regiments, wenn es 3 Bataillons stark ist, eine Batterie formiert werden solle, in dem ersten Fall ist weiter keine Veränderung, in dem andern aber werden die Requisiten-Wagen einige Schritt hinter den Munitions Karren Wagen, in einer Linie rangiert, und der Offizier wird als dann seines weiteren Verhaltens wegen, auf das 6te Cap: von Batterien pp. verwiesen.

§ 4

Wenn ein zur Chargierung formiertes Bataillon sich en Parade setzen will, so rücken die Kanons dermaßen vor, dass deren Achse sich mit der Offiziers-Linie aligniert, die Mannschaften treten dabei en Parade, und der Offizier wie im III^{ten} Cap: § 5 bestimmt worden.

Die Tambours und Pfeiffer formieren sich auf den von den Kanons verlassenen Platze, und das sämtliche Fuhrwesen bleibt hinter den Bataillon stehen.

§ 5

Wenn einen Regimente oder einzelnen Bataillon einige Handgriffe zu machen anbefohlen wird, so treten die Mannschaften bei denen Kanons wie im vorherigen § erwähnt, und das Geschütz sich an denjenigen Ort wo es sich befindet, es sei denn, dass expresse Ordre gegeben wurde, dass die Kanons während der Handgriffe, um die Front der Infanterie frei zu machen, sich zurück ziehen soll.

§ 6

Soll das Regiment vor jemand, so es besieht in dieser Ordnung vorbei marschieren, und die Majors reiten, nachdem sie von den Kommandeurs den Befehl zum Abmarsch erhalten haben, vor die Front, so protzen alle Kanons in größter Geschwindigkeit auf, bleiben sämtlich auf denjenigen Flügel wo sie stehen, und marschieren auch in diesen Intervallen; die Munitions Karren und Requisiten Wagen aber machen bei diesen Marsch gar keine Bewegung, sondern halten unverrückt auf ihrer Stelle, und suchen wenn das Regiment mit ihren Kanons wieder aufmarschiert ist, im Fall keine andere Befehle ergangen, ihre gehörigen Posten wieder einzunehmen.

§ 7

Ist bei Veranstaltung dieses Marsches nur ein Regiment auf den Platz, so befindet sich das Canon vom rechten Flügel à la tete, das vom linken Flügel des ersten, und das vom rechten Flügel des 2ten Bataillons marschieren in der Intervalle nebeneinander, dergestalt, dass die Flügelleute der Züge freie Aussicht vor sich haben, um Kolonne halten zu können, damit dieses verrichtet werde, haben sich die Kanons im

Marsche so viel als möglich zusammen zu halten, und muss das Handpferd von den zur rechten marschierenden Kanon auf die dritte Rotte des vormarschierenden Zuges oder halben Division aligniert sein.

Das Kanon von linken Flügel des letzten Bataillons marschiert hinter den Regiment.

§ 8

Der Offizier führt das Kanon à la tete eines Regiments, teilt, da er zu wenig Leute hat, solche in 2 Glieder, und führt selbige.

Sind mehrere Regimenter beisammen, so bleibt zwar à la tete des ersten Regiments ein Kanon, bei den folgenden Regimentern aber, kommen jedes mal 2 Kanons à la tete und werden von den Offizieren geführt, außer bei den letzten Regiment so zwar à la tete 2 Kanons hat, selbige aber von 1 Unter-Offizier geführt werden. Der Offizier dieses Regiments schließt die ganze Kolonne, wo abermals nur ein Kanon ist, und selbiger den Zug der Artilleristen vor sich marschieren lässt.

Auf diese Art bleibt die Einteilung der Artillerie beständig, es mag ein Bataillon, Regiment oder ganze Kolonne rechts oder links sich in Bewegung setzen.

§ 9

Sämtliche Mannschaft marschiert nachdem sie à proportion ihrer Stärke in Züge abgeteilt worden bei einem Kanon gerade vor selbigen, und bei zweien gerade vor der Mitte von beiden, jedes mal von ihren Offizier oder Unter-Offizier geführt, No. 6 bleibt bei seinen Munition Karren und Requisiten Wagen auf der Stelle ruhig stehen, und hält die Knechte ab, dass sie nicht ungebührlichen Lärm machen.

§ 10

Wenn der Major dem Bataillon das Avertissement zum Aufmarsch gibt, so brechen auf das Kommando-Wort

Halt!

die Kanonen rückwärts aus, damit die Bataillons sogleich ihre Distanz und Richtung nehmen können, nachdem aber solches geschehen, und sie unterdessen abgeprotzt haben, rücken sie auf ihren bestimmten Platz wieder ein, und die Mannschaft stellt sich, wie sie zuvor gestanden.

Chargierung
§ 11

Wenn die Infanterie sich wieder zur Chargierung formiert, so retirieren sich die Kanons, wenn solche vor der Front gestanden, in die Intervalle, und die Kommandanten der Kanons kommandieren

Marschiert auf eure Posten!

Es ist zu merken, dass bei einen zur Chargierung formierten Bataillon die Artilleristen niemals en Parade treten, sondern jederzeit auf ihre Posten, die Augen nach ihren Geschütz wenden und zum Feuern rangiert sein.

Die Kanons bleiben, solange die Bataillons auf der Stelle stehen in denen Intervallen, jederzeit in der vorgeschriebenen Distanz, desgleichen auch das gesamte Fuhrwesen in seiner Entfernung.

Der Requisiten Wagen kann, wenn es das Terrain erlaubt, der Sicherheit der darinnen befindlichen Munition halber, bei der Chargierung 20 Schritt hinter den Munitions Karren Wagen geführt werden.

Alle Knechte und Pferde machen Front gegen den Feind, um in avancieren sogleich fortrücken zu können, ingleichen um ihnen die Gelegenheit zu benehmen, sich in ernstlichen Angelegenheiten mit ihren Fuhrwesen zu entfernen.

§ 12

Wenn ein Bataillon

auf der Stelle

chargieren will, und anbefohlen wäre ehe das kleine Gewehr anfinge, einige Schuss aus den Kanons zu tun, so rücken dieselben 4 bis 6 Schritt gerade aus vor die Intervalle, und feuern daselbst auf der Stelle.

Sobald aber der Major die Chargierung mit den kleinen Gewehr avertiert, so rücken sie sämtlich in die Intervalle der Infanterie, und feuern aus selbigen solange, als die Bataillons diese Chargierung auf der Stelle fortsetzen.

§ 13

Wenn der Major das Avertissement gibt

Bataillon soll avancieren!

so kommandieren die Commandanten der Canons

Fertig zum avancieren!

und bei erfolgten Marsch setzt sich alles in Bewegung. Die Kanons bleiben in den Intervallen, dergestalt etwas zurück, dass No.2 und 3 so in den Sielen ziehen, sich mit dem 2ten Glied der Infanterie alignieren, um wenn mehrere Bataillons miteinander gerade aus marschieren, denselben in der Richtung nicht hinderlich zu sein.

§ 14

Sollte sich der Feind in einer solchen Entfernung befinden, wo das kleine Gewehr nicht trüge, die Canons aber gleichwohl zu agieren anfangen könnten, auch feindliche Kavallerie nicht zu befürchten stünde, so avancieren dieselben alternative folgendermaßen:

Das Kanon vom rechten Flügel gibt sich alle Mühe 30 und mehr Schritte gerade vor die Intervalle des Bataillons zu kommen, setzt daselbst nieder, und feuert einigemal. Während dieser Zeit wendet das Kanon vom linken Flügel alles mögliche an, das auf dem Platz stehende, vom rechten Flügel um eben diese Distanz zu devancieren, feuert gleichergestalt, und suchen nunmehr beide gemeinschaftlich, durch dieses abwechselnde Vorrücken vor denen Bataillons ein beständiges Feuer zu unterhalten.

In diesen avancierenden Feuer halten sich die Kanons niemals so lange an einem Orte auf, das sie von den Bataillons eingeholt werden; sondern setzen solches ununterbrochen fort, bis das Bataillon Halt macht, worauf sie zu feuern aufhören, die Richtung ruhig abwarten, alsdann in die Intervallen einrücken, und bei der Chargierung der Bataillons ihre sonstigen Vorschriften beobachten.

§ 15

Bei 2 Bataillons avancieren die beiden Flügel-Kanons zuerst, und die 2 Canons so in der Intervalle der Mitte stehen, machen dieses Manoeuvre mit einander.

Es ist überhaupt hier zu merken, daß wenn 2 oder mehrere Kanons in einer Intervalle beisammen stehen, dieselben sich im Avancieren niemals trennen, sondern mit einander hervorrücken sollen, daher bei vielen Bataillons die Einteilung vorher gemacht werden muss, damit das Feuer der Kanons nicht unterbrochen werde.

Ferner muss in Obacht genommen werden, dass die Kanons gerade aus rücken, um nicht vor die Front zu kommen, sondern wenn die Infanterie nachkommt die Stücke allezeit in die Intervallen passen.

§ 16

Wenn der Major

Halt!

kommandiert, um mit den kleinen Gewehr zu chargieren: so lassen die Kommandanten der Kanons in möglichster Geschwindigkeit zum retirieren einhängen, rücken sogleich in die Intervalle und observieren mit Genauigkeit alles, was in der Chargierung auf der Stelle vorge-schrieben worden.

§ 17

Wenn ein Bataillon

im Retirieren

chargieren will, und der Major kommandiert

Rechts um kehrt euch!

so machen die Canons

Fertig zum Retirieren!

und bei erfolgten Trupp setzt sich alles in Bewe-gung. Die Kanons bleiben in den Intervallen. Ihre Richtung ist, wie im Avancieren § 13 gesagt; Sollte unter währenden Retirieren der Infanterie, die Kanons mit ihren Feuer die Retirade decken, so geschieht solches auf folgende Art:

Das Canon von rechten Flügel bleibt, wenn das Bataillon rechtsum kehrt gemacht, halten, und setzt sein Feuer solange fort, bis das Bataillon ohngefähr 30 Schritt von ihm entfernt ist, worauf es gleichfalls seine Retirade antritt.

Das Kanon vom linken Flügel aber, welches mit dem Bataillon zugleich wie vorgemeldet, retiriert, bleibt alsdann ebenfalls halten, und feuert solange, bis das vom rechten Flügel sich dem Bataillon genähert und wieder niedergesetzt hat, worauf es sich gleichfalls um eine gleiche Distanz zurück zieht, auf diese Weise, können beide Kanons die ganze Retraite durch dieses alternierende Feuer kontinuieren, ohne durch die Bataillons durch zu marschieren, und ihnen eine Verhinderung in ihren Alignement zu verursachen.

§ 18

Wenn mehrere Bataillons zugleich die Retraite antreten, so wird das, was im avancieren von alternierenden Feuer der Kanons gesagt, und von der Einrichtung ihres Marsches erinnert worden, ebenfalls befolgt, als wodurch zugleich das Durchfahren der Kanons durch die Intervalle verhindert wird, und also das Feuern durch selbiges von selbst wegfallen muss.

Ferner soll wohl in Acht genommen werden, dass die Kanons mit ihren Feuer, sich nicht zu lange hinter dem Bataillon aufhalten, als wodurch sie sich der feindlichen Kavallerie oder andern unerwarteten Zufällen zu sehr aussetzen würden.

§ 19

Wenn

Halt!

kommandiert wird, und das Bataillon stellt sich durch Rechts um kehrt in Schlacht-Ordnung, so rücken die Kanons zwar wieder in ihre Intervalle, vollbringen solches aber nicht eher, als bis die Bataillons sich völlig gerichtet und stille stehen; sie observieren sodann in der Chargierung dasjenige, was bereits befohlen ist, und erwarten das fernere Avertissement des Majors.

§ 20

Im Fall, dass bei einem ganzen Bataillon

das Hecken-Feuer

gemacht werden sollte, so haben die Kanons weiter nichts zu tun, als dass sie 5 Doublier-Schritt hervor rücken und auf der Stelle feuern.

So wie das Feuern aufhört, und die Offiziers wieder einrücken, so ziehen sich die Kanons zurück auf ihre vorigen Posten.

§ 21

Wenn die Bataillons mit

halben und ganzen Gliedern

chargieren, so rücken die Kanons nicht vor, sondern feuern aus denen Intervallen, und observieren genau, dass nach jeden Schuss die Achse des

Kanons mit dem ersten Gliede der Infanterie sich aligniere.

Sollten bei diesen Feuer die Intervalle erlauben sich um einige Schritt weiter von den Flügeln abzuziehen, so kann man sich dessen bedienen.

§ 22

Bei den

Kolonnen oder Defilée Feuer

ist kein gewisser Platz für die Kanons anzuweisen, weil die Defilées und der vor selbigen befindliche Terrain mannigfaltig ist.

Fände sich z.B. bei Übergang einer Brücke oder Dammes Platz, wo der Terrain erlaubte die Kanons zu Unterstützung des Kolonnen-Feuers seitwärts oder an beiden Seiten zu platzieren, so kann solches geschehen. Nur dient zur Regel, dass bei einem Defilée, welches durch das Kolonnen-Feuer forciert werden soll, die Canons hinter dem Bataillon marschieren, um, dass wenn vor dem Defilée das Bataillon sich en Ordre de Bataille gesetzt, dieselben ihre Posten auf den Flügeln wieder einnehmen können.

§ 23

Im Gegenteil marschieren bei einem Bataillon, so sich in der Retirade durch ein Defilée zurück ziehen will, die Kanons dem Bataillon vor, und passieren zuerst das Defilée; sobald sie aber durch selbiges hindurch sind, deploieren sie rechts und links, damit sich das Bataillon wiederum zwischen

Ihnen setzen und sie nunmehro gemeinschaftlich dem Feinde den Ausgang aus dem Defilée wehren können.

Im Avancieren folgt hinter jeden Kanon unmittelbar der dazu gehörige Munitions-Karren-Wagen, welcher im Retirieren demselben vorfährt.

§ 24

Wenn mit

zwei Gliedern en Marsch

chargiert wird, so folgen die Canons dem Bataillons auf ihren Flügeln, feuern bei dem chargieren aus den Intervallen, und sobald die zwei letzten Glieder gefeuert und nicht wieder laden, der Major auch das Bataillon zum Einbruch marschieren lässt, bleiben die Kanons auf der Stelle in Bereitschaft halten, um, wenn das Bataillon nach der Attaque sich wieder formiert, folgen, oder wenn dieselbe misslungen wäre, es unterstützen zu können.

§ 25

Wollen die Regimenter

Rückwärts

chargieren, und es wird folglich aus dem 3ten Gliede das erste; so machen die Kanons Rechts um kehrt, und es verändern sich von denen vorher getroffenen Dispositions nichts, als bei den Avertissement

Rückwärts zu chargieren!

gehen die Protz-Munitions-Karren und Requisiten-Wagen durch die Intervallen durch, und
setzen sich in gehöriger Distanz hinter ihre
Kanons.

§ 26

Vom Marschiren

Wenn ein zur Chargierung formiertes Bataillon
rechts oder links abmarschiert wäre, so fahren die
Kanons an denjenigen Orten in den Intervallen, so
wie sie in der Chargierung stehen, und bei den
Parade-Marsch gesagt worden; nur dass hier die
Leute auf ihren Posten, so vor den Abprotzen
befohlen, bleiben, und die Wagens in der
nämlichen Distanz, wie sie im chargieren, auf der
Seite wo das 3te Glied gestanden, ihren Weg
fortsetzen, bei einem ordentlichen Tage-Marsch
aber, wo selten die Wege so beschaffen, dass
mehr als ein Fuhrwesen neben einander passieren
kann, werden die Bataillons die nötige Distanz
geben, damit jeder Munitions-Karren und
Requisiten-Wagen, auf sein zugehöriges Kanon
folgen könne.

§ 27

Wenn mehrere Bataillons beisammen en Ordre de
Bataille stehen, sich aber rechts oder links ziehen
wollen, so halten sich die Kanons an ihre Flügel,
und machen rechts oder links um, desgleichen
bleiben dieselben, wenn die Infanterie sich mit
Divisions oder halben Bataillons in eine oder
mehrere Kolonnen setzt, um einen andern Terrain

gegen den Feind zu okkupieren, und insbesondere bei allen Vorfällen, wo ein geschwinder Auf-Marsch durch Schwenkungen oder Rottenweise zu vermuten wäre, an ihre Flügel appairet, weil die Intervallen welche von den Infanterie observiert werden müssen, zu klein sind, das ganze Fuhr-wesen einzunehmen, so defilieren die Wagens auf der Seite ihrer Kanons neben den Bataillons so lange, als es der Terrain zulässt. Die Kanons bleiben in den Intervallen, doch können auch, wenn durch rechts oder links um abmarschiert wird, dieselben, so wie die Wagen auf beiden Seiten der Kolonne gefahren werden, besonders wenn es für nötig gefunden würde, das sämtliche Geschütz zu maskieren, als in welchen Falle die Kanons nebst den Wagen hinter der Front gehen.

§ 28

Sollte sich ein Defilée finden, durch welches das Fuhrwesen unumgänglich durch müsste, so werden die Regimenter davor Sorge tragen, damit bei vielen Bataillons die Distanz nicht verloren gehen, und entweder einander Zeit geben, oder mit Schließung der Kolonnen auf halbe Distanz, das Defilée passieren.

§ 29

Wenn wieder nach dem gegebenen Point de vue aufmarschiert wird, so halten die Kanons in denen Intervallen sich so lange etwas zurück, bis die ganze Linie sich gerichtet hat; alsdann wenn alles steht, rücken dieselben in ihr vorgeschriebenes Alignement.

§ 30

Sollten, bei dieser Gelegenheit, einige Bataillons rechts oder links schräge marschieren oder deploieren; so halten auf denen Flügeln die Kanons, der Richtung wegen, sich gleichfalls etwas zurück. Und im Fall, wenn die Bataillons mit 2 Kolonnen aus der Mitte gegen den Feind abmarschiert wären, so alignieren sich die Canons an die 4te und 5te halbe Division, und wenden beim Aufmarsch alle mögliche Geschwindigkeit an, um auf ihren Flügeln Posto zu fassen.

§ 31

Wenn in der Chargirung

ohne Kommando geladen

werden soll; so wird weiter nichts kommandiert als

Feuer!

alsdann arbeiten die Leute zwar in größter Geschwindigkeit, doch in Ordnung.

Der Unter-Offizier der bei den Kanon kommandiert, muss hier auf alle Tempos sehr wohl Achtung geben, damit er das Feuer nicht eher kommandiere, bis der so gerichtet aus den Wänden der Affuite heraus ist.

§ 32

Dieses Feuer, welches mit großer Lebhaftigkeit verrichtet werden muss, geht meistens die Kartätschen an; es wird dabei die Maschine gezogen, und soll in ernstlichen Angelegenheiten in einer Entfernung des Feindes auf 300 ordinaire Schritt, damit zu feuern angefangen werden.

Jedoch ohnerachtet dieser Lebhaftigkeit, werden die Kommandanten von den Kanons auf die Beurteilung der Munition, dass solche am Ende und in den entscheidensten Umständen nicht abgehe, an das gute Richten, und an das Anbringen der Kanons nach jeden Schuss ernstlich verwiesen.

§ 33

In sandigen und üblen Terrain, wenn mit denen Regiments Canon große Distanzen zu avancieren sind, wird zur Konservation der Menschen, dass beim Munitions-Karren-Wagen befindliche Ortscheit, sowie beim Park-Geschütz die Vorlege-Waage gebraucht. Dahingegen bei der Retirade, wenn die Distanz weit, allezeit aufgeprotzt wird. Ebenermaßen kann in diesen Fällen, und besonders wenn eine steile Höhe hinaufzufahren ist, welche kurz nach ihrem Anfange oben wieder mehr Fläche darbietet, das Schlepptau, vermittelst der Prologne gebraucht werden.

ଚ଼ ✳ ଓଃ

Cap: V

Handgriffe mit dem Park-Geschütz
als Kanonen, Haubitzen und Feld-Mortiers

Hangriffe
Mit den schweren und leichten 8pfdgen Kanon

§ 1

Zu Bedienung eines schweren 8pfdgen Kanons sind festgesetzt

> 1 Inter-Offizier
> <u>9 Gemeine</u>
> 10 Mann,

diese werden so wie bei den 4pfdgen Regiments-Stück eingeteilt, nämlich

Der Unter-Offizier schlägt durch und setzt das Brändgen ein

No. 1 richtet das Kanon

No. 2 führt die Patrone ein. Er knöpft die linke Rock-Klappe auf

No. 3 wischt das Kanon aus und setzt an

No. 4 feuert

No. 5 holt die Patrone. Knöpft die linke Rock-Klappe auf

No. 6 ist beim Munitions-Wagen

No. 7 trägt den Schwanz der Affuite

No. 8 hilft den Schwanz der Affuite tragen

No. 9 hat die Stücklade

§ 2

Wenn diese Nummern an die Mannschaft ausgegeben, wird kommandiert

Marschiert auf eure Posten!

Hierauf tritt die Mannschaft in der nämlichen Stellung und Ordnung, wie bereits bei dem Exercise mit dem 4pfdgen Regiments-Stück vorgeschrieben worden, an das Kanon.

Der Offizier stellt sich rechter Hand neben No. 2

Der Unter-Offizier stellt sich rechter Hand über No. 5 und 9

No. 1 linker Hand des Kanons nächst an der Maschine

No. 2 rechter Hand an der Achse des Kanons

No. 3 linker Hand der Maschine über No. 1

No. 4 linker Hand der Maschine über No. 1

No. 5 rechter Hand der Maschine über No. 9

No. 6 bei dem Munitions-Wagen

No. 7 linker Hand des Handpferdes an der Deichsel

No. 8 rechter Hand des Protz-Wagens

No. 9 rechter Hand nächst der Maschine

§ 3

Soll abgeprotzt werden, so wird kommandiert

Protzt ab!

1tes Tempo

No. 5 und 9 heben sogleich die Stücklade aus der Affuite, setzen selbige wie beim Regiments-Stück etliche Schritt seitwärts auf die Erde

No. 3 hängt den Kühleimer aus, und setzt ihn etliche Schritt vor dem Rad nieder, schnallt den Mund-Pfropf ab, und hängt selbigen in den Not-Haken

No. 2 schnallt den vorderen, und

No. 5 den hinteren Riemen, worinnen die Hebebäume liegen, auf

No. 5 nimmt den Hebebaum und steckt ihn unter die Affuite

No. 1 ergreift ihn sogleich an den andern Ende

No. 8 hakt die Protz-Kette aus

No. 6 bleibt auf ihren Posten, und bringt in den Munitions-Wagen alles in Ordnung.

2tes Tempo

No. 1 und 5 heben mit dem Hebebaum, desgleichen

No. 4 und 8 welche mit einer Hand in die Trage-Ringe, und mit der andern zwischen den Affuiten-Wänden unter selbige greifen, den Schwanz der Affuite aus den Protz-Nagel und setzen ihn sachte nieder

Wenn das Kanon abgehoben, begibt sich

No. 7 sogleich auf ihren zweiten Posten

No. 8 nimmt den Hebebaum, welchen No. 5 liegen lassen unter der Affuite vor, und gibt ihn an No. 7

No. 5 gibt den andern Hebebaum so noch vorhanden an No. 1, welche selbigen sogleich bei sich niederlegt

Der Unter-Offizier schließt die Stücklade auf, nimmt die Kartusche, den Durchschlag und das Pennal heraus

No. 8 und 9 gehen mit der Stücklade zum Munitions-Wagen, holen daselbst Patronen, und begeben sich wieder so weit zurück bis sie noch 12 Schritt vom Kanon entfernt, wo sie selbigen niedersetzen, No. 9 bleibt dabei No. 8 aber nimmt eine Patrone und gibt sie an No. 2 /: wenn diese ihre völlige Arbeit verrichtet hat :/

3tes Tempo

No. 1 schnallt den hinteren, und

No. 3 den vorderen Riemen des Ladezeugs auf, No. 3 nimmt den Wischer heraus, und schnallt mit No. 1 das übrige Ladezeug, so nicht gebraucht wird wieder fest

No. 4 erhält das Pennal vom Unter-Offizier, und besorgt ihr Feuer

Der Unter-Offizier befestigt die Kartusche an sein Degen-Kuppel nimmt in die rechte Hand den Durchschlag, und in die linke ein Durchschlage-

Brändgen. Übrigens befiehlt er alles, was bei den Exercise mit den Regiments-Stück bereits vorgeschrieben worden.

No. 1 schnallt die Kappe ab, und legt sie auf das Deck-Blech der Maschine

No. 5 welche vorher die Maschine gelüftet, zieht den Ruhe-Riegel aus der Affuite, und bringt ihn an seinen Ort

No. 1 leiert die Maschine in die Höhe der Richtung nahe

No. 7 steckt den Hebebaum in den Wirbel-Ring. Wenn No. 1 mit Richten fertig, zieht sie solchen wieder heraus

Wenn No. 5 mit allen fertig, holt sie eine Patrone /: nimmt bei der Gelegenheit, die auf den Deck-Blech liegende Kappe mit zur Stücklade :/ und stellt sich damit auf ihren Posten

§ 4

Nachdem alles dieses geschehen, visitiert der Unter-Offizier mit den Durchschlag das Zündloch, und lässt durch No. 3 mit dem Setzt-Kolben bei dem Rohr ein gleiches verrichten, so dann kommandiert er

Auf eure Posten!

worauf sich die Mannschaft in der nämlichen Ordnung wie bei dem Exercise mit dem Regiments-Stück bereits vorgeschrieben stellt, als

Der Unter-Offizier rechter Hand an der Maschine

No. 1 linker Hand an der Maschine

No. 2 rechter Hand an der Achse des Kanons in einer ⅛^{tels} Wendung die Augen nach der Mündung des Kanons habend

No. 3 linker Hand der Achse in eben der Stellung wie No. 2 und hält den Wischer so in der Hand, dass das eine Ende ½ Elle von der Erde absteht

No. 4 linker Hand des Rades hinter No. 3

No. 5 rechter Hand von den Unter-Offizier seitwärts

No. 6 bleibt auf seinen Posten beim Munitions-Wagen

No. 7 linker Hand am Schwanz der Affuite

No. 8 rechter Hand am Schwanz der Affuite neben No. 7

No. 9 zwölf Schritt mit der Stücklade hinter dem Kanon

§ 5

Wenn abgeprotzt ist, und es soll Parade gemacht werden, so setzt sich beim Kommando-Wort

Parade!

alles in die Ordnung und Stellung, wie beim Exercise mit dem Regiments-Stück vorgeschrieben als

Der Offizier 6 Schritt vor die Mitte der Mannschaft des rechten Flügels

Der Unter-Offizier, No. 2 und 5 formieren an der Achse des Kanons rechts und

No. 1 und 3 links das 1ste Glied, desgleichen

No. 7 und 8 rechts, ferner

No. 4 links das 2te Glied an dem Schwanz der Affuite

No. 6 und 9 bleiben auf ihren Posten

Soll bei aufgeprotzten Kanon Parade gemacht werden, so kommen

Der Unter-Offizier, No. 2, 5 und 6 rechts und

No. 1, 3 und 4 links ins erste Glied

No. 8 und 9 machen rechts und

No. 7 links das zweite Glied aus.

§ 6

Die vorgeschriebene Parade versteht sich nur von einzelnen Kanons; denn im Fall mehrere beisammen, dergestalt, dass davon eine Batterie formiert werden kann, so steht der Kommandeur derselben vor dem Centro der ganzen Batterie, einige Schritte vor den Offiziers; der nächst ihm folgende Offizier, auf den rechten Flügel in der vorerwähnen Distanz und Ordnung, wie § 5 bestimmt worden.

Der jüngste Offizier aber auf den linken Flügel-Kanon 6 Schritt vor der Mitte der Mannschaft desselben.

Desgleichen decken die Unter-Offiziers so dann, von der Mitte nach dem linken Flügel, bei jeden Kanon die nämlichen Flügel ihres ersten Gliedes.

§ 7

Wenn geladen werden soll, so kommandiert der Unter-Offizier die

Ladung

mit allen Tempos, wie beim Exercise mit dem Regiments-Stück

Wischt aus!

Führt ein!

Setzt an!

Dieses geschieht bei dem Park-Geschütz nicht mit dem Wischer, sondern mit dem Setz-Kolben.

Zu dem Ende muss No. 3 das Ende so gebraucht wird, allemal unterwärts halten.

Richt!

Schlagt durch!

Feuer!

auf dieses Kommando-Wort tritt die beim Kanon befindliche Mannschaft einen Schritt seitwärts.

§ 8

Wenn das Kanon von Recul vorgebracht werden soll, nimmt

No. 1 sogleich den beim Abprotzen, auf seiner Seite habenden, langen Hebebaum und legt ihn in die auf der Affuite hierzu befindlichen Vorbringe-Haken

No. 4 und 1 legen sich auf der linken,

No. 5 nebst den Unter-Offizier, auf der rechten Seite, an denselben und schieben das Kanon wieder vor, wobei zugleich

No. 3 und 2 zu beiden Seiten, an den äußersten Enden des Hebebaums mit derjenigen Hand ziehen, welche dem Kanon am nächsten ist

No. 7 und 8 geben den Schwanz, bei dieser Bewegung die nötige Hilfe

§ 9

Damit sämtliche Nummern mit vereinigten Kräften arbeiten können, so müssen die Leute auf das Avertissement des Unter-Offiziers

$$\text{Eins} = \text{Zwei}$$

zugleich arbeiten, und solches niemals unterlassen.

§ 10

Alle vorhergegangenen Kommando-Wörter, befolgen die nämlichen Nummern auf eben die Art und in der Ordnung wie bei den Regiments-Stücken.

Sind die Patronen in der Stücklade alle, so avertiert solches

No. 9 an No. 6 welche ihm dieselbe zum Munitions-Wagen tragen, mit andren auffüllen und auch wieder auf seinen Posten bringen hilft, als denn sich aber selbst zu seinen Fuhrwesen zurück begibt.

Nota: Da die Wendungen mit dem Park-Geschütz sehr selten vorkommen können, so ist die Artillerie-Mannschaft nur insofern davon zu unterrichten, damit erforderten Falls sie solches mit dem Regiments-Stücken gleichförmig zu exekutieren im Stande sei.

§ 11

Wenn völlig aufgeprotzt werden soll, und kommandiert wird

Protzt auf, bringt alles in Ordnung!

so wird solches von sämtlichen Nummern zugleich mit größter Geschwindigkeit und Ordnung in nachfolgenden Tempos verrichtet

1tes Tempo

No. 2 und 5 geben ihre Patronen an No. 8, welche sie in die Stücklade bringt

No. 8 und 9 gehen mit der Stücklade zum Munitions-Wagen, geben die Patronen ab, und bringen dieselbe zum Kanon

No. 3 schnallt den Mund-Propfen an, und hängt den Kühleimer in den Not-Haken

No. 1 leiert die Maschine herunter, dass der Keil auf den Ruhe-Riegel zu liegen kommt

No. 6 bringt in Munitions-Wagen alles in Ordnung, schließt selbigen zu, und gibt die Schlüssel an den Unter-Offizier

Der Unter-Offizier nimmt die Kappe aus der Stücklade

No. 4 gibt das Pennal an den Unter-Offizier, welcher es nebst seiner Kartusche und Durchschlag in die Stücklade legt, und selbige zuschließt, wobei ihm No. 9 zur Hand geht

2tes Tempo

No. 7 gibt den Hebebaum an No. 5

No. 5 steckt solchen unter die Affuite

No. 1 greift von der andern Seite mit an selbigen

No. 4 und 8 greifen mit der einen Hand in die Trage-Ringe, mit der andern in die Affuiten-Wände, und heben nebst No. 1 und 5 den Schwanz der Affuite auf den Protz-Wagen

No. 7 wuchtet die Deichsel

No. 8 hakt die Protz-Kette ein

No. 5 und 9 setzen die Stücklade ein

3tes Tempo

Der Unter-Offizier gibt die Kappe an No. 1, welche sie anschnallt

No. 1 gibt den auf seiner Seite liegenden Hebebaum, an No. 5

No. 2 und 5 schnallen die Hebebäume,

No. 1 und 3 das Ladezeug fest

Sämtliche Nummern stellen sich auf ihre Posten.

§ 12

Wenn mit Park-Geschütz avanciert und manoeuvriert werden soll, geschieht solches vermittelst der Prolonge oder der Vorlege-Waage, nachdem es das Terrain oder die Umstände erfordern, und wird jeder Offizier hier, bei so mannigfaltigen Vorfällen, sich allezeit auf das beste und geschwindeste zu helfen suchen.

Handgriffe
mit dem schweren und leichten 12pfdgen Kanon

§ 13

Ein 12pfdges Kanon zu bedienen werden erfordert

2 Unter-Offiziers

12 Gemeine

14 Mann

Die Einteilung ist folgende

Der 1ste Unter-Offizier schlägt durch und setzt das Brändgen ein

No. 1 richtet. Die Nummer bekommt der 2te Unter-Offizier

No. 2 führt die Patrone ein, knöpft die linke Rock-Klappe auf

No. 3 setzt an

No. 4 feuert

No. 5 holt Patronen und knöpft die linke Rock-Klappe auf

No. 6 beim Munitions-Wagen

No. 7 trägt den Schanz der Affuite

No. 8 hilft den Schwanz der Affuite mit tragen

No. 9 und 10 haben die Stücklade

No. 11 setzt an, und löst No. 3 ab, wenn diese müde ist

No. 12 observiert die Pferde des Kugel-Wagens

No. 13 observiert die Pferde des Protz-Wagens

§ 14

Bei dem Kommando-Wort

Marschiert auf eure Posten!

treten die ersten 9 Nummern in der nämlichen Richtung und Stellung zum Kanon, wie bereits bei den 4pfd und 8pfdgen Kanon beschrieben worden

No. 10 stellt sich rechts zwischen No. 5 und 9

No. 11 stellt sich No. 3 zur linken

No. 12 geht linker Hand des Kugel-Wagens zum Pferden

No. 13 geht linker Hand des Protz-Wagens zum Pferden

§ 15

Das Abprotzen geschieht von diesen Nummern mit den nämlichen Tempos und Ordnung, wie beim Exercise mit den 8pfder beschrieben worden, und geht nur darinnen ab, dass all dasjenige was No. 5 und 8 bei den 8pfder mit der Stücklade zu tun haben, hier No. 10 verrichtet. Desgleichen helfen No. 9, 10 und 11 jede auf ihrer Seite mit den Hebebaum den Schwanz anheben.

§ 16

Wenn das Kanon visitiert worden, und kommandiert wird

Auf eure Posten!

tritt alles in der nämlichen Ordnung und Wendung, wie bei dem Exercise mit den 4 und 8pfder beschrieben zum Kanon.

No. 10 bleibt bei No. 9

No. 11 bleibt bei No. 3 zur linken Hand, und macht die Wendung wie diese

No. 12 und 13 bleiben auf ihren Posten bei den Pferden

Die Ladung, das Richten und Feuern wird von den ältesten Unter-Offizier, so wie beim 4 und 8pfdgen Kanon kommandiert, und auch von denselben Nummern verrichtet.

§ 17

Das Vorbringen des Kanons vom Recul wird auf die nämliche Art verrichtet, wie beim 8pfder, und greifen hier No. 1, 4 und 11 auf der linken

No. 5, der Unter-Offizier nebst No. 10 aber, auf der rechten Seite, an den in die Vorbringe-Haken gelegten Hebebaum, wo denn auch zugleich

No. 3 und 2 zu beiden Seiten mit einer Hand ziehen

No. 7 und No. 8 aber am Schwanz hierzu hilfliche Hand leisten

§ 18

Wenn abgeprotzt ist, und es soll Parade gemacht werden; so treten die ersten 9 Nummern, wie beim 4 und 8pfder zum Kanon

No. 10 bleibt bei der Stücklade

No. 1 oder der 2te Unter-Offizier deckt den linken Flügel des ersten Gliedes

No. 11 tritt neben No. 3 ins erste Glied

No. 12 und 13 bleiben auf ihren Posten

Ist aber aufgeprotzt, und es soll Parade gemacht werden, so rangieren sich

No. 6, 5 und 2 im ersten Glied auf der rechten, desgleich

No. 3, 4 und 11 ins 1ste Glied auf der linken Seite

Der älteste Unter-Offizier deckt den rechten, und der 2te den linken Flügel des ersten Gliedes

No. 9 und 10 kommen auf den rechten

No. 7 und 8 auf den linken Flügel des 2ten Gliedes zu stehen

No. 12 und 13 bleiben bei ihren Pferden

§ 19

Das Aufprotzen wird in der nämlichen Ordnung, eben den Tempos und von denselben Nummern, wie bei dem Exercise mit dem 8pfder beschrieben worden, befolgt.

No. 10 verrichtet alles was No. 8 und 5 beim 8pfder mit der Stücklade zu tun gehabt

No. 9, 10 und 11 helfen jede auf ihrer Seite mit den Hebebaum die Affuite auf den Protz-Wagen heben

No. 9 und 10 gehen wenn die Patronen alle zum Munitions-Wagen, holen andere, und begeben sich wieder auf ihre Posten

Alles was hier nicht ausdrücklich abgeändert worden, richtet sich nach dem Exercise des 8pfders.

Handgriffe
mit dem 8pfdgen Haubitz

§ 20

Zu Bedienung der 8pfdgen Haubitz sind bestimmt

1 Unter-Offizier

<u>10 Gemeine</u>

11 Mann

Die Einteilung der ersten Nummern auf ihre Posten ist wie beim 4 und 8pfdgen Kanon.

No. 10 kommt nicht zur Stücklade, und tritt zwischen No. 5 und 9

En Parade, wenn abgeprotzt ist, bleibt No. 10 bei der Stücklade, die übrigen stehen wie bei den 4 und 8pfdgen Kanon; ist aber aufgeprotzt, und es wird Parade gemacht, so stellt sich No. 10 neben No. 7 ins 2te Glied

Ab- und Aufprotzen geschieht auf die nämliche Art, und von eben denselben Nummern, die es beim 8pfder verrichten.

No. 1 legt den von No. 5 empfangenen Hebebaum bei sich nieder

No. 10 verrichtet alles das, was No. 5 und 8 bei dem Exercise des 8pfders mit der Stücklade zu tun gehabt

§ 21

Wenn der Unter-Offizier visitieren lassen, und die Nummern auf ihre Posten getreten, kommandiert er ferner

Wischt aus!

Richt den Haubitz!

Auf dieses Kommando-Wort, tritt

No. 1 sogleich in die Affuiten-Wände, ergreift mit der linken Hand die Klinke und mit der rechten die Kurbel, um den Haubitz horizontal zu richten und Linie nehmen zu können, wozu

No. 7 und 8 den Schwanz dirigieren in welcher Stellung er solange verbleibt, bis ihn No. 2 welche mit den Instrument die Elevation nimmt, avertiert, ob er elevieren oder plongieren soll, tritt alsdann wieder auf seinen Posten

Auf

Führt ein!

steckt No. 2 sogleich das Instrument in die zu dem Ende etwas aufgeknöpfte Weste, empfängt von No. 5 eine Patrone, welche er mit der rechten Hand in die Kammer bringt, dass sie völlig am Boden ansitzt, wendet sich geschwind herum, um empfängt von No. 10 eine Grenade /: an welcher No. 6 bereits den Bund der Kappe aufgeschnitten :/ reißt die Kappe völlig herunter, zieht die Stopinen auseinander, setzt solche mit den Spiegel in die Mündung, schiebt selbige mit der rechten Hand bis an die Kammer, dass sie fest auf die Ladung zu sitzen kommt, und tritt alsdann zurück auf seinen Posten.

Der Unter-Offizier schlägt durch, und setzt das Brändgen ein, worauf er

Feuer!

kommandiert, welches von No. 4 verrichtet wird.

§ 22

Sämtliche Nummern treten ebenfalls einen Schritt seitwärts, und bringen wenn abgefeuert worden, den Haubitz wie sämtliches Park-Geschütz vor.

No. 5 und der Unter-Offizier legen sich auf der rechten, und

No. 1 und 4 auf der linken Seite an den in die Vorbringe-Haken gelegten Hebebaum, auch helfen

No. 2 und 3 mit einer Hand an den selbigen ziehen

No. 7 und 8 aber, suchen am Schwanz dabei die nötige Hilfe zu leisten

Handgriffe
mit den 16pfdgen Haubitz

§ 25

Zu Bedienung des 16pfdgen Haubitz sind erforderlich

2 Unter-Offiziers

10 Gemeine

12 Mann

Die Einteilung der ersten 10 Nummern ist wie bei der 8pfdgen Haubitz, nur dass der 2te Unter-Offizier No. 2 erhält, und No. 11 bei den Pferden des Protz-Wagens eingeteilt wird.

§ 24

Bei dem Kommando

Marschiert auf eure Posten!

treten sämtliche Nummern wie beim 8pfdgen Haubitz an, und

No. 11 begibt sich linker Hand des Protz-Wagens zu denen Pferden

En Parade, sowohl, wenn auf- als abgeprotzt ist, stehen sie wie bei den 12pfdgen schweren Kanon, nur ändert sich darinnen ab, dass der 2te Unter-Offizier, welcher bei den Haubitz No. 2 hat, den linken Flügel des ersten Gliedes deckt, und No. 11 auf ihren Posten steht.

§ 25

Das Abprotzen geschieht ebenso wie bei dem Exercise mit den 8pfder, nur das No. 1 den empfangenen Hebebaum wie bei allen Park-Stücken neben sich niederlegt.

Das Laden, Richten und Feuern ist wie bei den 8pfdgen Haubitz, und wegen der Kommando-Wörter hat es gleiche Bewandniß.

§ 26

Wenn abgefeuert ist, und der Haubitz vom Recul vorgebracht werden soll, legen sich

No. 1, 4 und 9 auf der linken, und

No. 5, der Unter-Offizier nebst No. 10 auf der rechten Seite an den Hebebaum, desgleichen helfen

No. 3 und 2 mit einer Hand an selbigen ziehen

No. 7 und 8 sind am Schwanz, und

No. 2 hat einige Bomben-Haken in seinen Degen-Kuppel hängen, um sich selbiger beim Ausladen zu bedienen.

Alles, was hier nicht ausdrücklich abgeändert worden, richtet sich nach dem Exercise des 8pfdgen Haubitz und 8pfdgen Kanons.

Handgriffe
mit dem 32pfdgen und 24pfdgen Mortier

§ 27

Die Bedienung eines 32pfdgen Feld-Mortier erfordert

> 2 Unter-Offiziers

> <u>11 Gemeine</u>

> 13 Mann

welche nach dem der Mortier auf die Bettung und in gehörige Ordnung gebracht worden, folgendermaßen eingeteilt werden, als

1ster Unter-Offizier hat das Richten, und dirigiert die Maschinen-Schraube, deckt auch nach den Abfeuern den Mortier mit dem Mund-Deckel zu

2ter Unter-Offizier besorgt und observiert das Magazin

No. 1 ladet

No. 2 steht rechter Hand vorne am Mortier mit einem Hebebaum um Linie zu halten

No. 3 steht linker Hand vorne am Mortier. Er hält mit einem Lappen das Orifice des Mortiers rein, und legt den Lappen unter, wenn die Bombe auf das Orifice gesetzt werden soll

No. 4 feuert, steckt die Räum-Nadel wenn geladen werden soll /: und welches er auch nach jedesmaligen Abfeuern observiert :/ in das Zündloch und setzt das Brändgen ein.

No. 5 steht linker Hand hinten am Mortier mit einem Hebebaum um Linie zu halten

No. 6 holt Patronen

No. 7 und 8 holen Bomben

No. 9 im Magazin

No. 10 und 11 holen Bomben

§ 28

Beim 24pfdgen Mortier fallen No. 10 und 11 weg, und wird der Motier nur von No. 2 und 3 /: mit den Hebebaum von No. 2 :/ in die Höhe gebracht.

§ 29

Da niemalen ein Mortier als ob selbiger in einer Linie mit den Regimentern stünde, betrachtet werden kann, so hat man auch nicht nötig, in Absicht der zu machenden Parade, die Glieder mit solchen zu alignieren, kommt daher der Fall, dass in einer dergleichen Batterie Parade gemacht werden müsste, so kommandiert der Unter-Offizier

Parade!

und sämtliche Mannschaft stellt sich 6 Schritte hinter den Mortier in ein Glied nach ihrer Größe, der Unter-Offizier deckt den rechten Flügel dieses Gliedes, der Offizier steht vor der Mannschaft auf der Bettung am Ende des Blocks rechter Hand desselben.

Hat ein Offizier zwei dergleichen Mortier unter seinem Kommando, so steht derselbe in der Mitte von selbigen, in der erwähnten Linie; sind hingegen 2 Offiziers auf einer dergleichen Batterie, so steht einer bei den rechten, und einer bei den linken Flügel-Mortier, in der erst beschriebenen Ordnung.

§ 30

Sämtliche Mannschaft tritt, wenn sie mit der Ladung fertig, in eben dieser Ordnung hinter den Mortier, außer No. 4 welcher wegen seinen Feuer, und der Unter-Offizier um den Mund-Deckel abzunehmen, bei denselben bleiben.

Der 2te Unter-Offizier geht sogleich nach der Abteilung, nebst No. 9 in das Magazin, und bleibt daselbst beständig, um die gehörigen Veranstaltungen zu treffen.

§ 31

Wenn kommandiert wird

Auf eure Posten!

so steht

der Unter-Offizier, No. 2 und 3 in der Linie des vorderen Endes von den Block, und zwar, der Unter-Offizier auf den rechten Flügel, neben ihn No. 2 und links No. 3

No. 1 rechts in der Linie der Schellzapfen, und solchen am nächsten

No. 6 rechts neben No. 1

No. 4 links an den Schellzapfen, in eben der Linie

No. 10 neben No. 4

An den Ende des Blockes kommen

No. 7 und 8 rechts, und

No. 5 und 11 links zu stehen.

§ 32

Die ausführliche Bedienung des 32pfdgen Mortiers ist folgende; der

1ste Unter-Offizier hat das Richten und dirigiert die Maschinen-Schraube, sobald er den Mortier, auf mehrere oder wenigere Grade richten will, lässt er durch die Nummern 2, 3, 5 und 7 denselben dergestalt, in die Höhe bringen, dass er beinahe vertikal steht, damit selbige darauf ruhen, und also dieser Unter-Offizier die Mutter daran bequem zu bewegen im Stande ist. Bei folgenden Würfen darf er niemalen aus der Acht lassen die Hände allezeit über die Mutter der Schraube, welche er aus den Block haben will anzulegen; außerdem er sich sehr leicht einigen Schaden zuziehen könnte.

Sobald abgefeuert, deckt er sogleich den Mortier mit den Mund-Deckel zu, und befiehlt der Mannschaft auf das geschwindeste, den Mortier in die Linie zu bringen, letztes kann füglich in 3 Tempos verrichtet werden, als:

1) den Block vorwärts oder rückwärts
2) denselben hinten und
3) ihn vorne in die Linie zu schaffen

2te Unter-Offizier besorgt das Magazin, und gibt Achtung, dass die Patronen mit gehöriger Vorsicht geholt, und jede Bombe mit einem Lappen abgewischt, behutsam weggenommen und getragen werde, er hat etliche paar Bomben-Haken vorrätig und visitiert diejenigen, womit der jedesmalige Transport verrichtet worden, bei der nächsten Wiederabholung, damit solche, wenn besonders die Leinen daran schadhaft worden, sogleich mit tüchtigen vertauscht werden können. Endlich hat sich derselbe, soviel möglich vor allen herumfliegenden Feuer in acht zu nehmen.

No. 1 ladet, sobald der Mortier in die Linie gerichtet, springt diese Nummer auf den Block und hilft, den Mortier in die Höhe zu bringen, er hält die Patrone mit der linken Hand zu, bringt sie bis in die Mitte der Kammer, und nimmt wohl in acht, dass die Ladungen alle auf egale Art in selbigen gebracht werden. Er legt hierauf No. 3 einen Lappen vor selbigen auf den Rand des Mortiers, um die Bomben darauf zu setzen, welche No. 1 von No. 8 nimmt, und selbige nachdem das ermeldete Aufsetzen geschehen also anfasst, dass er sie senkrecht in den Mortier einführen kann; hierbei sieht er genau darauf, dass allezeit das Füll-Loch, gegen die Fronte der Batterie zu stehen komme, und macht endlich die Stopinen auseinander.

No. 2 steht rechter Hand vorne am Mortier mit einen Hebebaum, um Linie zu halten, und hilft den Mortier mit No. 7 in die Höhe bringen.

No. 3 steht linker Hand vorne am Mortier und hilft mit No. 5 denselben gleichfalls in die Höhe stellen; wenn der Unter-Offizier den Mund-Deckel abnimmt, wischt er mit einem Lappen das Orifice ab, und wenn der Mortier vertikal in die Höhe gebracht, legt er den Lappen unter, damit No. 1 die Bombe aufs Orifice aufsetzen kann.

No. 4 steckt die Räum-Nadel, sobald als der Mortier in die vertikale Stellung gebracht worden, in das Zündloch, setzt sobald geladen das Brändgen ein, und feuert beim Kommando-Wort

Feuer!

No. 5 steht linker Hand hinten am Mortier mit einem Hebebaum um Linie zu halten, er hilft mit No. 3 den Mortier in die Höhe bringen, und gibt alsdann wenn geladen wird wohl acht, dass der Mortier hinten nicht aus der Linie gedrückt werde.

No. 6 holt Patronen, er verbirgt jede indem sie mit der rechten Hand zugehalten wird, unter seiner linken aufgeknöpften Rock-Klappe, übergibt dieselbe an No. 1 und bringt bei Abholung der folgenden Patrone das leere Papier an den Unter-Offizier in den Magazin jedesmal wieder zurück

No. 7 holt mit No. 8 Bomben, so bald geladen werden soll wird die Bombe auf den Block und zwar auf einen daselbst liegenden Lappen gesetzt und No. 8 allein überlassen, No. 7 aber hilft als dann den Mortier mit No. 2 in die Höhe bringen

No. 8 holt Bomben mit No. 7 sobald geladen werden soll, wischt diese Nummer mit einem auf dem Block liegenden feuchten Lappen, die Bombe in ihrer größten horizontalen Peripherie um und um ab, macht die Kappe von der Abfeuerung los, und übergibt vorsichtig also dieselbe an No. 1 dass das Füll-Loch gegen die Front der Batterie steht, hat er alsdann die Bomben-Haken von No. 1 zurück erhalten, so verfügt er sich wieder mit No. 7 nach dem Magazin, um mehrere Bomben zu holen.

No. 9 ist im Magazin der Gehilfe des Unter-Offiziers

No. 10 und 11 holen Bomben, wie No. 7 und 8 und erhalten die nämliche Instruktion

৪০ ✸ ૪૩

Cap: VI

Von Batterien und deren Bewegung

§ 1

Das sämtliche Park-Geschütz, woraus die Feld-Batterien, zur Attaque der feindlichen, um Unterstützung wie auch Verteidigung der diesseitigen Truppen errichtet werden, wird der bequemen Bewegung und geschwinden Verteilung wegen in Brigaden geteilt, ihre Anzahl hängt von der Größe der Armee ab, ihre Bewegung hingegen von den Flügeln oder Korps derselben, zu welchen sie gehören. Außer diesen, solcher Gestalt abgeteilten Brigaden, wird allezeit auch eine formiert, welche den Namen der Reserve-Brigade führt.

§ 2

Jede dieser Brigaden besteht aus 18 oder 24 Stück Geschütz von verschiedenen Kalibern, sie wird aber in Batterien à 6 Stück von gleichen Kaliber geteilt.

§ 3

Mit dieser Einteilung von Batterien à 6 Stück egalen Geschützes, sind dann hinfüro alle nötigen Auf- und Ab-Märsche, desgleichen die in Aktion vorzunehmenden Bewegungen und Manoeuvres auszuarbeiten, und das Korps darinnen fleißig zu üben, wobei annoch folgendes zu erinnern, vor nötig erachtet worden.

§ 4

Auf jeder Feld-Batterie wird die Distanz des Geschützes von einer Mündung zur andern auf 10 Schritt festgesetzt.

§ 5

Die Rangierung der Protz- und Munitions-Wagen richtet sich von dem Schwanz des Geschützes, wenn es abgeprotzt ist bis zu den vordersten Pferden der ersten; diese Distanz ist bei allen Park-Geschütz 30 Schritt, der Protz-Wagen kommt rechts seines Munitions-Wagens, und dessen Vorder-Pferde sind mit denen, welche am Munitions-Wagen befindlich, in einer Linie.

§ 6

Wenn eine Batterie in einer Intervalle der Ordre de Bataille zu stehen kommt, so ist ihre Richtung, wie bei denen Regiments-Stücken, nämlich die Achse des Geschützes mit den 1sten Gliede derer Truppen aligniert, außer wenn etwas anderes expresse befohlen wird.

§ 7

Jede Batterie wird durch einen Capitaine nebst zwei Offiziers kommandiert, die Kommandanten haben vorzüglich vor den Effekt ihrer Batterien zu sorgen, und darauf beständig aufmerksam zu sein, um den Geschütz das nötige Abkommen bei der Richtung zu bestimmen, dieser wegen sie sich, wenn sie, wann ihre Gegenwart in den Terrain der Batterie nicht besonders nötig, auf denjenigen

Flügel der Batterie, welcher gegen den Wind ist, um die Wirkung des Geschützes beobachten können, aufhalten.

Vorzüglich haben sie ihre Attention dahin anzuwenden, dass die Munitions- und Protz-Wagen die eingeführte Distanz hinter dem Geschütz behalten, und sich nicht weiter von selbigen entfernen, damit die Batterien nicht der fehlenden Pferde wegen, an einer vorteilhaften Bewegung gehindert werden können. Eben dieser Ursachen wegen, sind dieselben, wenn es nicht die dringensten Umstände abändern, während der ganzen Aktion zu Pferde.

Bei vorfallenden Manoevres, suchen sie alles mit möglichster Geschwindigkeit zu exekutieren, und jede Unordnung dabei zu verhüten, auf dass besonders die Infanterie in ihren Bewegungen nicht gehindert werde.

Endlich haben die Batterie-Kommandanten auch dahin zu sehen, dass der Gebrauch der Kartätschen, Traubenhagel und Grenadhagel zu rechter Zeit, auf gehörige Distanz und mit der hierzu erforderlichen Lebhaftigkeit geschehen, überhaupt aber als auf ihren Batterien in anbefohlener und vorgeschriebener Ordnung exekutiert, die in Aktion aber abgehende Munition in Zeiten ersetzt werde.

§ 8

Jede Brigade wird durch einen Stabs-Offizier kommandiert, welcher zwei gut berittene Offiziers bei sich haben muss. Diese Brigade-Kommandanten, nachdem ihre Batterien, sowohl in Ansehung des Terrains, als auch den Absichten des kommandierenden Generals gemäß, gehörig platziert, und die Kommandanten ihrer Batterien nötig instruiert sind, haben sich während einer Aktion so viel möglich nahe, bei dem ihren Flügel kommandierenden General, wenn die Umstände ihrer Batterien nicht ihre Gegenwart erfordern, aufzuhalten, um die nötigen Ordres zu etwa vorfallenden Manoeuvres zu erhalten.

Sie sind vorzüglich besorgt, dass wenn denen Batterien, oder auch der Infanterie ihres Flügels, die Munition abzugehen anfängt, selbige bei Zeiten und geschwind herbei geschafft werde.

Besonders ist ihre Funktion während einer Aktion die feindlichen Mouvements so viel möglich zu observieren, um von allen vorfallenden vorteilhaften Gelegenheiten sogleich profitieren zu können.

Am Tage des Marsches bekümmern sie sich besonders um die zu nehmenden Wege, und versäumen keine Gelegenheit, das Geschütz zu zweien fahren zu lassen, als welchen Punkt aber sowohl die Batterie-Kommandanten in Acht zu nehmen haben.

§ 9

Der Kommandant der Artillerie hat, nachdem derselbe die General-Disposition in der ganzen Fronte nach denen Absichten des kommandierenden Generals en Chef gemacht, und die Brigade-Kommandanten sowohl als auch den Kommandanten des Parks mit nötigen Instruktionen versorgt, vornehmlich darauf zu sehen, dass alles nach gegebenen Befehl exekutiert werde.

Derselbe hat sich, wenn die Umstände seine Gegenwart nicht anderen Orts erfordern, allezeit so viel möglich beim General en Chef aufzuhalten, um von selbigen nach denen sich ereignenden Evenements Ordres zu erhalten, und diese an die Brigade- oder auch sogleich die Batterie-Kommandanten durch seine bei sich habenden zwei Adjutanten in möglichster Geschwindigkeit gelangen zu lassen.

In Betracht endlich, in diesen Reglement einzig und allein die ersten Grundsätze was die Bedienung der Artillerie anbetrifft, insofern solche eine gewisse Gleichförmigkeit mit den Manoeuvres der Infanterie notwendig macht, vorgeschrieben worden; als werden sämtliche Artillerie-Stabs- und -Ober-Offiziers, da die mehrsten Fälle ihres Metiers, wissenschaftliche Kenntnisse voraussetzen, auch in Absicht größerer Bewegungen, Marsch, Platzierung der Batterien, Beurteilung des Terrains zu verschiedenen Geschütz-Arten und dergleichen Umständen, die das große der Taktik, teils unumgänglich erfordert, teils aber sonsten zur Geschwindigkeit oder andern erwünschten Vorfällen, nützliche Dienste leistet, um desto mehr zu betreiben, und ihren Dienst-Eifer, durch diese Bearbeitung an den Tag zu legen, beflissen sein; dabei aber jeder Zeit die Erhaltung des Geschützes nebst Zubehör, ihr vorzüglichstes Augenmerk sein lassen.

Vorstehender gnädigster Disposition wird noch folgendes in Absicht auf den Artillerie-Park zugefügt.

Der Park wird durch einen Stabs-Offizier der Artillerie kommandiert, welcher da es sich zutragen kann, dass sämtliche Brigaden des Geschützes sich beim Park befinden können, nach dem Kommandanten der Artillerie der älteste im Dienst ist.

Derselbe steht lediglich unter der Ordre des Kommandanten der Artillerie, es sei denn, dass ihm von dem General en Chef der Armee, bei nicht vorher zu sehenden Vorfällen, immediate Ordres erteilt würden, als welche er ohne Anstand zu exekutieren hat.

Übrigens disponiert er nach Ordre des ersten Kommandanten der Artillerie im Park, ordiniert alle Wachten und Posten, desgleichen die Ordnung des Marsches der Artillerie.

Sollte der Kommandant von der Bedeckung der Infanterie des Parks im Dienst älter sein, so behält selbiger zwar das Kommando über sein Detachement, hat sich aber in den Dienst der Artillerie keineswegs zu melieren, sondern er dependiert von dem den Park kommandierenden Stabs-Offizier der Artillerie, die Anordnung sämtlicher Wachten und Posten im Park, desgleichen die Stunde des Abmarsches und jedes nötigen Halt auf dem Marsche.

Hingegen dependiert, wenn der Kommandant der Bedeckung der älteste im Dienst, von diesen die Disposition der Defence gegen feindliche Attacke, im Park oder auf dem Marsch und alle übrige Honneurs kommen ihm zu.

Um alle Misshelligkeiten zu vermeiden, wird allezeit jeder Kommandant desjenigen Detachements welches zur Bedeckung des Parks bestimmt, eine von den General en Chef unterschriebene Instruktion im Park finden, von welcher derselbe dann eine Kopie zu nehmen hat.

Am Tage einer Aktion hält der Kommandant des Parks den sämtlichen Park angespannt, und hält auf das schärfste darüber, dass ein jeder auf seinen Posten sei und bleibe. Der ihm nachfolgende Offizier der Artillerie begibt sich nebst zwei gut berittenen Offiziers gegen das Champ de Bataille, doch allezeit so, dass er die Kommunikation mit seinen Park nicht verliert, um zu observieren, wo das Feuer am lebhaftesten und wo es am ersten an Munition fehlen könnte, da er dann gegen diese Orte einen Teil der Munition zu diesen Flügel gehörig, auffahren lässt, um sogleich wenn es verlangt wird, die nötige Munition geben zu lassen, und der Kommandant der Bedeckung gibt einen nach der Instruktion vorgeschriebenen Teil der Infanterie zur Begleitung dazu, dieser kann nach der Anzahl der Wagen bestimmt werden.

Hier wiederum hat der Kommandant des Parks von der Artillerie davor zu sorgen, dass diejenigen Orte, welche er diesen Absichten gemäß choisiret, im Fall einer Retraite der Armee nicht hinderlich, in diesem Fall er sich bei Zeiten, mit seiner Munition zu retirieren und seine Messures zur Sicherheit der ihm vermutlich vorgeschriebenen oder auch im Fall selbst zu machenden Retraite des Parks zu nehmen hat.

Außer der sämtlichen im Park sich befindenden Artillerie steht annoch der Ober-Feuerwerks-Meister oder der diesen Dienst verrichtende Offizier, desgleichen der Batterie-Meister und der Feld-Zeugwärter unter dessen Kommando.

Sr: Chur. Fürstl. Durchl.

zu Sachsen pp. befehlen demnach Ihren sämtlichen Artillerie Stabs- und Ober-Offiziers, so gnädigst als ergebenst, dass dem vorstehenden Reglement in allen und jeden buchstäblich Folge geleistet und von denen einmal gegebenen Vorschriften in keinen Stücke abgewichen, noch weniger mit eigenmächtigen Abänderungen vermischt, sonder vielmehr von den jedesmaligen Chef der Artillerie als von dem **Sie** solches vorzüglich fordern, stracklich darüber gehalten werden solle.

Gegeben unter **Höchst Ihro** eigenhändigen Unterschrift zu Dresden, am 22. Octobris 1777

Friedrich August

Nachwort

Im Jahre 1778 erschienen vom Generalmajor und Kommandanten von Dresden-Neustadt von Pfeilitzer unterzeichnete Instruktionen, die die Bedienungsmannschaft für das 4pfd. und 8pfd. Kanon auf 1 Unteroffizier und 10 Mann festsetzten und in der Exercise mit dem 4pfd. Kanon das Bewegen mit der Vorlegewaage und im halbaufgeprotzten Stand beinhalteten.

Es ist davon auszugehen, dass Pfeilitzer diese Instruktionen nur weitergegeben und nicht selbst erlassen hat.

Beide Vorschriften sind im Heft „Das churfürstl. und kgl. sächs. Artilleriekorps: Die Regimentsartillerie 1806 – 1813" (Heft 7 dieser Reihe) enthalten.

An sächsischen Reglements und Instruktionen sind in dieser Reihe bisher erschienen:

No.11 Allgemeine Dienstregeln für die Unterofficiers der Churfürstlich Sächsischen Infanterie vom Jahre 1802

No.17 Unterricht für die Scharfschützen bey der Churfürstlich sächsischen Infanterie vom Jahre 1804 (Reglement)

No.18 Reglement für die Königlich Sächsische leichte Infanterie zu den Uebungen außer der geschlossenen Ordnung vom Jahre 1810

No.24 Sammlung von Instruktionen der königlich sächsischen Armee 1810 – 1813 (Teil I)

No.25 Sammlung von Instruktionen der königlich sächsischen Armee 1810 – 1813 (Teil II)

No.31 Sammlung von Instruktionen der königlich sächsischen Armee 1810 – 1815 (Teil III)

An preußischen Reglements und Instruktionen sind bisher erschienen:

Instruktion für die Infanterie-Regimenter und Füsilier-Bataillons betreffend die Mannszucht und Ordnung im Felde vom 12.03.1790

Instruktion für die Cavallerie-Regimenter betreffend die Ordnung und Mannszucht im Felde vom 12.03.1790